गजल सम्राट
जगजीत सिंह की गजलें

संकलन व सम्पादन
राजेन्द्र पंडित

डायमंड बुक्स

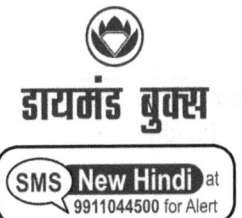

© प्रकाशकाधीन
प्रकाशकः डायमंड पॉकेट बुक्स (प्रा.) लि.
X-30, ओखला इंडस्ट्रियल एरिया, फेज-II
नई दिल्ली-110020
फोन : 011-40712200
ई-मेल : sales@dpb.in
वेबसाइट : www.diamondbook.in

Gazal Samrat Jagjeet Singh Ki Gazalen
Edited By : Rajendra Pandit

जीवन परिचय

गजल सम्राट जगजीत सिंह किसी परिचय के मोहताज नहीं हैं। देश में ही नहीं विदेशों में भी इनकी गजल गायिकी का नाम है। श्रोता जब इन्हें सुनते हैं, तब उन्हें दीन-दुनिया की कोई खबर नहीं रहती है। इनके सुरों में वो कशिश है, वो जादू है कि बार-बार इन्हें सुनने का जी करता है।

गजल सम्राट जगजीत सिंह बेशक इस समय हमारे बीच नहीं हैं, लेकिन उनकी आवाज में गाई गई गजलों का खूबसूरत साथ तो हमारे साथ है।

● जन्म और परिवार

जगजीत सिंह का जन्म 8 फरवरी 1941 को श्री गंगानगर (राजस्थान) में हुआ था। उनके जन्म के समय पिता ने उनका नाम जगमोहन रखा, पर अपने गुरु की सलाह पर बाद में उन्होंने अपना नाम जगजीत रख लिया।

उनके पिता अमरसिंह पी डब्ल्यू डी में नौकरी करते थे और पंजाब स्थित रोपड़ जिले के ढल्ला गांव के मूल निवासी थे। उनकी मां बच्चन कौर पंजाब के ही समरल्ला के उट्टालन गांव की रहने वाली थीं।

जगजीत सिंह की प्रारंभिक शिक्षा श्री गंगानगर के खालसा स्कूल में हुई और बाद में पढ़ने के लिए वह जालंधर आ गए। इसके बाद कुरुक्षेत्र विश्वविद्यालय से इतिहास में पोस्ट ग्रेजुएशन भी किया। जगजीत सिंह जब पढ़ रहे थे तभी आकाशवाणी ने उन्हें 'बी' वर्ग के कलाकार की मान्यता दी। 1962 में जालंधर में उन्होंने डॉ. राजेन्द्र प्रसाद के लिए स्वागत गीत गाया।

इनके पिता ने पं. छन्नूलाल शर्मा से संगीत की शिक्षा लेने को भेजा। फिर छह साल उस्ताद जमाल खान से भी तालीम ली। नवीं कक्षा में पहली बार मंच पर गाया। कॉलेज के दिनों में जगजीत एक रात चार

हजार लोगों की भीड़ के सामने गा रहे थे तभी बिजली चली गई लेकिन साउंड सिस्टम बैटरी से चालू रहा। जगजीत सिंह गाते रहे और क्या मजाल कि अंधेरे के बावजूद कोई भी उठकर गया हो। ऐसा जादू था जगजीत सिंह की आवाज में।

• संघर्ष से मिली सफलता

1961 में जगजीत सिंह मुंबई पहुंचे। संघर्ष भरा समय था। जो पैसे लेकर आए थे, वे खत्म हो चुके थे। इसी हालत में ट्रेन के शौचालय में छुपकर बिना टिकट जालंधर वापस आ गए।

मार्च 1965 में वह दुबारा मुंबई लौटे। सस्ती जगह पर रहते थे। खटमलों के साथ सोते थे। एक रात तो चूहे ने पैर ही काट खाया। हालत बहुत ही दयनीय थी लेकिन वह हालातों से हार कर अब लौटकर घर जाना नहीं चाहते थे।

जगजीत सिंह बचपन से ही हठी, स्वाभिमानी तथा कर्मठ व्यक्ति थे। धीर-धीरे वे छोटी-मोटी महफिलों, घरेलू आयोजनों, फिल्मी पार्टियों, विज्ञापन जिंगल्स आदि में गाने लगे। इससे उन्हें गुजारे भर का मिल ही जाता था। इसी बीच एचएमवी ने एक रिकॉर्ड के लिए उनसे दो गजलें गवाईं। कवर पर छपने वाले चित्र के लिए उन्होंने पहली बार दाढ़ी और पगड़ी हटाई।

दाढ़ी और पगढ़ी की बात जब छिड़ी तो हम आपको बता दें, जवानी में तीखी चोंच वाली पगड़ी जगजीत जी को बहुत पसंद थी। जिस गजल सम्राट जगजीत सिंह को हम सब उनकी आवाज के साथ कुर्ते-पायजामे वाली सादगी के जरिए जानते हैं, दरअसल जवानी के दिनों में शानदार पंजाबी लिबास के दीवाने थे। कॉलेज में पढ़ते समय चोंच वाली तीखी पगड़ी और शानदार कपड़े पहनना उनका पसंदीदा शौक था। लगभग 18 वर्ष की आयु में जब वह जालंधर के डीएवी कॉलेज में दाखिला लेने पहुंचे थे, तब भी पूरी तरह पंजाबी लिबास में ही थे। उस समय उनके सहपाठी रहे लोग बताते हैं कि घर से निकलते समय तथा कॉलेज जाने से पहले पगड़ी बांधने के अंदाज के कारण डीएवी कॉलेज में उनकी काफी चर्चा रहती थी। 1965 में मुंबई के लिए रवाना होने तक जगजीत सिंह की पहचान उनकी पगड़ी से ही होती थी।

यह पगड़ी और दाढ़ी तब उन्होंने हटाई जब एलबम के कवर पर फोटो छपवाने की बात चली।

अब हम इनका सफरनामा आगे बढ़ाते हैं– मुंबई में रहकर संघर्ष करते हुए जगजीत सिंह की लोकप्रियता धीरे-धीरे ही सही, पर थोड़ी-बहुत तो बढ़ ही गई थी। एक जिंगल की रिकॉर्डिंग के दौरान अपनी भावी जीवन संगिनी चित्रा दत्ता से उनकी अकस्मात ही भेंट हुई और 1970 में बिना धूम धड़ाके, रिसेप्शन या उपहार के उनकी शादी हो गई। आपको जानकर आश्चर्य होगा कि विवाह पर कुल 30 रुपए ही खर्च हुए। इससे साफ जाहिर होता है कि जगजीत सिंह सादगी को पसंद करते थे और दिखावा उन्हें तनिक भी पसंद नहीं था।

जगजीत सिंह ने शादी के बाद एक कमरे वाला मकान किराए पर लिया और उसमें रहने लगे। 1971 में पुत्र विवेक का जन्म हुआ। आर्थिक हालात ऐसे थे कि चित्रा ने 20 दिन के बच्चे को गोद में लेकर माइक पर जिंगल गाया। इन हालात के बावजूद जगजीत सिंह स्वयं को दुनिया का सबसे धनी आदमी समझते थे।

लेकिन कहते हैं न कि समय सब दिन एक समान नहीं रहता। वह करवट बदलता रहता है। जगजीत सिंह के लिए भी समय ने करवट बदली। 1975 में एचएमवी ने 'द अनफॉरगेटबल' नाम से पहला एलबम निकाला। इस एलबम ने कमाल कर दिया। इसकी रिकॉर्ड कामयाबी के बाद इतना धनार्जन हुआ कि जगजीत सिंह ने मुंबई में फ्लैट खरीद लिया।

सफलता अब इनके साथ थी। सीढ़ी-दर-सीढ़ी सफलता इनके हाथ लगती गई। 1980 में फिल्म 'साथ-साथ' और 'अर्थ' में स्वर तथा संगीत दिया। 1987 में उनका 'बियॉन्ड टाइम' देश का पहला संपूर्ण डिजिटल सीडी एलबम बना। अगले साल टीवी सीरियल 'मिर्जा गालिब' में स्वर व संगीत दिया। 28 जुलाई 1990 को एकमात्र पुत्र विवेक की सड़क दुर्घटना में मृत्यु क्या हुई जगजीत सिंह पर जैसे दु:खों का पहाड़ टूट पड़ा। जगजीत का झुकाव अब आध्यात्मिकता और दर्शन की ओर बढ़ता चला गया। तब इनका पहला एलबम 'मन जीते जगजीत' (गुरबानी) आया।

असाधारण व्यक्तित्व के धनी जगजीत सिंह संगीत के प्रति पूरी तरह से समर्पित थे। उनकी संगीत के प्रति दीवानगी इस कदर थी कि 2001 में मां के अंतिम संस्कार के बाद उसी दोपहर कोलकता में पूर्व निर्धारित कन्सर्ट के लिए पहुंच गए। नई दिशा (1999) व संवेदना (2002) के लिए प्रधानमंत्री अटल बिहारी वाजपेयी के गीतों को सुर और संगीत दिया।

चर्चित लोगों की नजर में जगजीत सिंह

• जिंदगी धूप, तुम घना माया

जगजीत सिंह की गायकी का यह फलसफा है कि वह गाते रहे और उनकी गायकी में सुनने वालों ने अपने ही जीवन के दर्द को महसूस किया। उनकी गजल गायकी, चिनाब के पानी से उठती हवा की हलकी महक का एहसास कराती है। गजल गायकी को सीमित पैबंदों से बाहर निकालकर आम लोगों तक पहुंचाने की मशक्कत के लिए किसी ऐसी ही विरल आवाज और हुनर की जरूरत थी। बेशक झेलम के उस पार गजल गायकी की एक बेशकीमती दुनिया बसती रही है, पर वहां भी इस बात का इल्म रहा है कि दूसरे छोर पर गजल को बहुत करीने से, संजीदा भाव से सजाया जा रहा है, जिसके शिल्पी जगजीत सिंह ही हैं। गजल ही नहीं दोहे, कुछ लोकगीत और भजनों में भी उन्होंने अनोखा समर्पण दिखाया।

पंजाब की धरती पर शायद नदियां भी सुर से बहती हैं। जगजीत सिंह ने वहां की खुशबू को पहचाना, शोख मिजाज को समझा, वहां के रंगों को जाना और उसे बचपन से ही अपनी रचनाओं में अपनाने लगे ।

एक वाकया याद आ रहा है। हुआ यूं कि मेरी एक गजल, 'दुनिया जिसे कहते हें, जादू का खिलौना है, मिल जाए तो मिट्टी है, खो जाए तो सोना है', मुझसे बिना पूछे ही रिकार्ड करा ली गई। इस गजल को उन जैसे सिरमौर गजल गायक की आवाज मिलने पर भला क्या शिकायत होती। ऊपर से उसका अच्छा-खासा पैसा भी आ गया। मेरे संग्रह 'खोया हुआ सा कुछ' को भी उन्होंने बहुत इज्जत बख्शी। जगजीत सिंह ने अपने बच्चे को खोया। तब श्मशान में उन्होंने कहा था–'अब मेरा जीवन उद्‌देश्यहीन हो गया है।' इसके बाद चित्रा जी ने गाना छोड़ दिया। जगजीत सिंह भी अपने आपको बहलाते रहे। ऐसे समय में उन्होंने भजन गाए। उनका 'हे राम, हे राम' भी वैराग्य भाव में ही गाया हुआ लगता है। जगजीत सिंह ने खामोशी में अपनी महफिल सजाई। इसी खामोशी में वह कहीं दूर चले गए। कहीं कोई आवाज कानों के पास तैर रही है यह कहते हुए, 'जिंदगी धूप तुम घना साया.... तुमको देखा तो ये खयाल आया।'

–निदा फाज़ली (गजलकार)

• उनका था दर्द से रिश्ता

जगजीत जी क्लासिकल गाते और मैं अपने नाटकों का मंचन करता था। पंजाब यूनिवर्सिटी से साथ चली यारी आज तक कायम रही। जब भी मिलते, बच्चां की तरह बातें करते और सुख-दुःख बांटते थे। मुंबई का शुरुआती संघर्ष हो या बेटे की मौत का गम, हमने हर दर्द और हर सच साझा किया। बेटे के न रहने पर उन्होंने कहा था कि इस दर्द को बर्दाश्त करने के लिए मुझे गायिकी में डूबना होगा। वह आध्यात्मिक रूप से आगे बढ़ते गए। दर्द में डूबी आवाज लोगों को और ज्यादा दीवाना बनाती गई। फिल्म खलनायक में जब मैंने उनसे 'ओ मां....' गीत गाने का अनुरोध किया तो उनका सवाल था कि कमर्शियल फिल्म में मेरा क्या काम? मेरे कहने पर उन्होंने वह गीत गाया और वही गीत फिल्म की आत्मा साबित हुआ।

–सुभाष घई (जगजीत सिंह के सहपाठी और फिल्मकार)

• बात दूर तलक गई

मुझे याद है लगभग 35 साल पहले मैंने उनकी गजल 'बात निकलेगी तो फिर दूर तलक जाएगी' सुनी थी। तब से लेकर आज तक तकनीकें बदलीं, ज़बाने बदलीं, कई कलाकर आए लेकिन जगजीत जी की जगह अपनी जगह कायम रही। यह किसी भी कलाकर के लिए आसान बात नहीं है कि इतने लंबे अरसे तक अपनी आवाज के जादू को उसी तरह बरकरार रख सके। उनकी लोकप्रियता में कोई कमी नहीं आई। उन्होंने हर उम्र और हर दौर के लोगों के दिलों पर अपनी गहरी छाप छोड़ी है। इन्हीं गजलों के माध्यम से वह हमारे दिलों में हमेशा जिंदा रहेंगे।

–जावेद अख्तर (गीतकार)

• उनको सुनकर शांति मिलती है

जगजीत सिंह की गजलों को सुनकर मन को बहुत शांति मिलती थी। उन्हें सुनना सुकून का अहसास करने वाला अनुभव होता था। यदि कोई रोजाना के तनाव से मुक्ति पाना चाहता था तो उसका सर्वश्रेष्ठ तरीका जगजीत सिंह का रिकॉर्ड बजाना था। मुझे उनकी 'सरकती जाए है रुख से नकाब आहिस्ता' गजल सबसे अधिक पसंद है। हम अब

उनके जैसा व्यक्ति कभी नहीं पा सकेंगे। मैं उनसे अंतिम बार गीमा पुरस्कार समारोह के दौरान मिली थी। हम साथ-साथ बैठे और उन्होंने मुझसे कुछ व्यंजन पकाने के लिए कहा था। इधर जब वह अपनी बीमारी के बाद अस्पताल गए तो हम सोच रहे थे कि वह जल्दी ही अस्पताल से बाहर आ जाएंगे। उनकी आवाज लोगों के दर्द को दूर करती थी और वह बहुत जिंदादिल इंसान थे। उन्होंने चेहरे पर मुस्कान बिखेरकर अपने दुःखों से पार पा लिया था।

–आशा भोंसले (फिल्म गायिका)

● दिल से गाते थे जगजीत सिंह

जगजीत सिंह को मैं बहुत अच्छे से जानती हूं। वह गजलों को मुख्यधारा में लेकर आए। उन्होंने इसके लिए बहुत कठिन परिश्रम किया। वह दिल से गाते थे। उन्हें सुनकर लोग भाव विभोर हो जाते थे। श्रोताओं की तालियों की गड़गड़ाहट ही किसी कलाकर के लिए सच्चा पुरस्कार है, जो उन्हें हमेशा मिलता रहा।

–लता मंगेशकर (फिल्म गायिका)

● बेजोड़ शैली के धनी जगजीत सिंह

जगजीत सिंह ऐसी बेजोड़ शैली के लिए जाने जाते थे, जो दिल की गहराइयों की भावनाओं को बयां करती थी। वह भारत या विदेश में जहां कहीं और जब कभी पेशकश देते तो वह श्रोताओं को खुद से तुरंत जोड़ लेते थे।

–प्रतिभा पाटिल (राष्ट्रपति)

● एक सुरीले शख्स जगजीत सिंह

गजल गायकी के क्षेत्र में जैसा और जिस अंदाज में जगजीत भाई गा गए, उसका कोई सानी नहीं है। उनकी आवाज में जो तासीर थी, वह दुर्लभ है। गजलें तो तमाम लोग गाते हैं पर उनकी कशिश बिल्कुल अलग है। सुर से लगाव और लफ्जों से करीबी रिश्ता पैदा करने से जो संगम बनता है, वह दिल को छूने वाली बात होती है। उनकी गायकी में यही बात थी। उन्होंने जिस सादे मन से गाया वह आम लोगों के मन को छू जाता था। उन्हें हर बार, बार-बार सुनने का मन करता था।

हमारा आपसी रिश्ता भी बहुत निजी व घरेलू था। वह दिल्ली आते तो कई बार मेरी क्लास में चले आते और हम भी कई दफा उनके

कंसर्ट में पहुंच जाते। एक बार तो मैं उनके मुंबई वाले स्टूडियो में भी गया। उनके 70 वें जन्म दिन को मनाने के लिए दिल्ली के सीरी फोर्ट सभागार में त्रिधारा कार्यक्रम का आयोजन 26 फरवरी 2011 को किया गया, इसमें गुलजार भाई भी थे। मैंने उनसे कहा कि कोई भाव देने लायक ठुमरी गाना तो मुझे आसानी होगी। जगजीत जी ने भैरवी की ठुमरी गाई, जिसमें होली का जिक्र था–'रंग मारो....।' वह गाते गए और मैंने भाव दिए। जगजीत भाई बहुत खुश हुए। बाद में बोले–'मैं तो बस आपको देखता रहा, मैं जो गा रहा था, वह आपके भाव में नजर आ रहा था।'

दुनिया में प्रसिद्धि पाने के बाद भी उनमें जरा भी गुरूर नहीं था। वह हंसमुख व स्वभाव के व्यक्ति थे। ये बातें उनके व्यक्तित्व को सोने में सुहागा बनाने वाली थीं।

–बिरजू महाराज

● फूंकी संगीत में नई जान

गजल सम्राट जगजीत सिंह ने अपनी सुरीली आवाज और गजलों से लाखों दिलों पर राज किया। उनकी 'झुकी-झुकी-सी नजर' और 'कागज की कश्ती' जैसे गीतों ने 70 के दशक में अपनी जान खो रहे संगीत में नई जान फूंकी थी। इन गीतों से जगजीत सिंह की बालीबुड में नई पहचान बनी। इसके बाद इस आवाज ने पांच दशकों तक लोगों को दीवाना बनाए रखा। जगजीत सिंह की आवाज में जो दर्द और उदासी थी, उसने तन्हा और टूटे दिलों की भावनाओं को गहराई तक झकझोरा। 'ये जिन्दगी थी किसी और की', 'पत्ता-पत्ता बूटा-बूटा हाल हमारा जाने है,' 'होंठों से छू लो तुम,' 'तुम को देखा,' 'हजार बार रुके हम हजार बार चले' जैसे अपने गीतों से 70 के दशक में जगजीत सिंह ने स्वयं को स्थापित किया।

उस दौर में गजल गायिकी के क्षेत्र में नूरजहां, बेगम अख्तर, तलत महमूद और मेहंदी हसन जैसी शख्सियतों की धाक थी। जगजीत सिंह अपने दौर के सबसे सफल और पसंदीदा गायकों में से एक रहे। पांच दशक के अपने कैरियर में उन्होंने गीत, गजलें और भजन गाए। इनमें 80 एलबम भी हैं।

● मौत से कम नहीं जिंदगी

जी हां, मौत से कम उनकी जिंदगी नहीं रही। चित्रा से मिलना भले ही जगजीत सिंह के कैरियर का टर्निंग प्वाइंट साबित हुआ, पर दोनों की

जिंदगी में खुशियों के साथ-साथ गम कभी कम नहीं रहे। अपने पेशेवर जीवन में जब दोनों बुलंदियों को छू रहे थे, तभी उनकी जिन्दगी की सबसे बड़ी त्रासदी घटी। 1990 में कार दुर्घटना में 18 वर्षीय उनका इकलौता बेटा विवेक मारा गया। दर्द ने जैसे जिंदगी को मरोड़ कर उन्हें अशक्त कर दिया। चित्रा ने अपनी आवाज खो दी तथा स्टेज पर फिर कभी नहीं गायीं, पर जगजीत अपने अवसाद से लड़े। शराब और सिगरेट उनके साथ रहीं। पुत्र की मौत के बाद अध्यात्म ने भी उन्हें सहारा दिया। सिख गुरुवाणी पर आधारित 'मनजीते जगजीत' विवेक की मौत के बाद उनका पहला एलबम था। इसके बाद जगजीत ने गाना शुरू किया तो उन्होंने कुछ बेहतरीन गीत गाए, जिसमें उनका दर्द झलकता था। जगजीत-चित्रा ने अपने बेटे के कमरे को हमेशा सहेज कर रखा। उसकी यादों को उन्होंने किसी पल अपने से जुदा नहीं होने दिया। जब लगने लगा था कि शायद दर्द संभल रहा है, तभी चित्रा की पहली शादी से हुई बेटी मोनिका (49) ने वर्ष 2009 में अपने बांद्रा स्थित घर में आत्महत्या कर ली। इस हादसे ने जगजीत-चित्रा को फिर अवसाद ग्रस्त कर दिया। परिवार तिनका-तिनका उजड़ गया।

● पाकिस्तान में भी लोकप्रिय

जगजीत सिंह की आवाज सिर्फ भारत के लोगों में ही लोकप्रिय नहीं थी, पाकिस्तान की जनता भी उनकी गजल गायिकी का लोहा मानती थी। जब उनकी मौत की खबर पाक वासियों को मिली तो वहां की जनता शोक संतप्त हो गयी। पाक के प्रमुख टीवी चैनलों सहित वैबसाइटों पर जगजीत की मौत की खबर को प्रमुखता से कवर किया गया। नेटवर्किंग साइटों पर जगजीत के हजारों प्रशंसकों ने दुःख व्यक्त किया। भारत और पाक के अतिरिक्त जगजीत सिंह दूसरे देशों में भी काफी लोकप्रिय थे। लोगों ने शोक सभाएं कीं और उन्हें श्रद्धांजलि अर्पित की।

● लोकप्रिय एलबम

इकोज, द अनफॉरगेटबल, माइलस्टोन, कम अलाइव, द लेटेस्ट, बियांन्ड टाइम, साउंड अफेयर, कहकशां, मिर्जा गालिब (चित्रा के साथ) फेस टू फेस, लाइव विद जगजीत सिंह, मरसिम, मिराज, क्राई फॉर क्राई, मां, सांवरा, हे राम, होप, मैं और मेरी तन्हाई, चिराग, इनसाइट, इनसर्च आदि।

- **चर्चित गजलें**
    - ये दौलत भी ले लो ये शोहरत भी ले लो...
    - कल चौदवीं की रात थी शब भर रहा चर्चा तेरा...
    - झुकी झुकी सी नजर बेकरार है कि नहीं...
    - अपने हाथों की लकीरों में बसा दे मुझको...
    - तू नहीं तो जिंदगी में और क्या रह जाएगा...
    - सरकती जाए है रुख से नकाब आहिस्ता-आहिस्ता...
    - तुम इतना जो मुस्करा रहे हो...
    - दूर तलक तन्हाइयों का सिलसिला रह जाएगा...
    - ये करें और वो करें वैसा करें...
    - अब अक्सर चुप-चुप से रहते हैं...
    - ए गम-ए-दिल क्या करूं...
    - दिले नादां तुझे हुआ क्या है...
    - दूर कहीं कोई रोता है...
    - कभी यूं भी तो हो...

- **भक्ति गीत**
    - मेरे मन के अंध तमस में...
    - तुम ढूंढो मुझे गोपाल...
    - बीत गए दिन भजन बिना रे...
    - हरि बन के श्रीराम आए जगत में...
    - महा मंत्र प्रभु का हरिओम तत्सत...
    - हर-हर महादेव...
    - ओम नमः शिवाय...
    - मां...
    - हरे कृष्ण....
    - जय राधा माधव जय कृष्ण मुरारी...

- **लोकप्रिय गीत**
    - होंठों से छू लो तुम... (फिल्म-प्रेमगीत)
    - झुकी-झुकी-सी नजर... (फिल्म-अर्थ)
    - तुमको देखा तो... (फिल्म-साथ साथ)
    - तुम इतना जो मुस्करा रहे हो... (फिल्म-अर्थ)

- फिर आज मुझे तुमको... (फिल्म-आज)
- हमसफर बनके हम...(फिल्म-आशियां)
- चिट्ठी न कोई संदेश... (फिल्म-दुश्मन)
- होश वालों को खबर क्या... (फिल्म-सरफरोश)

● पसंदीदा शायर

- मिर्जा गालिब, ■ बशीर बद्र, ■ निदा फाजली, ■ गुलजार, ■ जावेद अख्तर आदि।

● पूरी नहीं हुई इच्छा

गजल सम्राट जगजीत सिंह बच्चों पर एलबम निकालना चाहते थे। अपने बेटे विवेक के असमय निधन से दु:खी जगजीत ने बच्चों की मानसिकता पर काम करना शुरू किया था। इसके लिए उन्होंने गुलजार से भी बात की थी। जगजीत की इच्छा थी कि इस विषय पर लिखी रचनाएं गाकर वह अपने बेटे को याद करेंगे। जगजीत 70 साल की उम्र पूरी कर चुके थे और उनका इरादा 71 वें वर्ष में प्रवेश करने से पहले इस विषय पर एलबम बनाने का था। इसके अलावा वह एक साल के दौरान 70 कंसर्ट करना चाहते थे। इस कड़ी का अंतिम कार्यक्रम पहले उन्होंने मुम्बई में करने का मन बनाया था। बाद में एक प्रस्ताव आया कि यह पटना में गंगा नदी के किनारे हो। इस पर उन्होंने सहमति भी दे दी थी। एक साल के अंदर 70 कार्यक्रम करने की उनकी यह इच्छा भी पूरी नहीं हो पाई।

70 वर्षीय जगजीत सिंह को 23 सितंबर को ब्रेन हेमरेज के कारण लीलावती अस्पताल में भर्ती कराया गया। फिर उनका ऑपरेशन किया गया लेकिन वह स्वस्थ नहीं हो सके। शायद मौत उन्हें इसी बहाने से लेने आई थी। 10 अक्टूबर, 2011 को इस दिग्गज गजल सम्राट ने अपने लाखों चाहने वालों को अलविदा कह दिया।

विषय सूची

1. मान मौसम का कहा 19
2. मय रहे मीना रहे 20
3. अपनी मर्ज़ी से कहां 21
4. बस एक वक़्त का खंजर 22
5. मेरे क़रीब न आओ 23
6. तेरा चेहरा कितना सुहाना 24
7. मैं न हिन्दू न मुस्लमां 25
8. कौन आयेगा यहां 26
9. बुझ गई अगन 27
10. चौदहवीं रात का चांद 29
11. जो चल सको तो चलो 30
12. ये बता दे मुझे जिन्दगी 31
13. झुकी-झुकी सी नज़र 33
14. तू नहीं तो ज़िन्दगी में 35
15. कोई ये कैसे बताए 37
16. कभी तो खुलके बरस 38
17. कोई समझेगा क्या राज़े-गुलशन 39
18. मेरे दुख की कोई दवा न करो 41
19. मेरे नाम का कोई और है 43
20. लिपट के रोये दीवाना वार 45
21. मैं रोया परदेस में 47
22. देखा तो मेरा साया भी 48
23. कांटों से भी जीनत होती है 49
24. जीवन क्या है 51
25. ऐसा लगता है जिंदगी तुम हो 53

26.	तुमको देखा तो	55
27.	ऐसे हिज्र के मौसम	57
28.	दुआ करो कि ये पौधा	59
29.	इस सोच में बैठा हूं	60
30.	ये तेरा घर ये मेरा घर	62
31.	न शिवाले न कलीसा	63
32.	देखा जो आईना तो मुझे	65
33.	शम्मे मजार थी न कोई	67
34.	जगमगाते शहर की रानाइयों में	68
35.	हम दोस्ती एहसास वफा	69
36.	या तो मिट जाइए	70
37.	कौन कहता है	72
38.	सरकती जाए है रुख से नकाब	73
39.	मिलकर जुदा हुए तो	75
40.	आवारा गलियों में	76
41.	तुम नहीं ग़म नहीं शराब नहीं	78
42.	दुनिया जिसे कहते हैं	80
43.	ये इनायतें ग़ज़ब की	81
44.	कि मैं जिंदा हूं अभी	83
45.	कुछ तबियत ही मिली थी	85
46.	बाबुल मेरा पीहरे	87
47.	सुना था वो आयेंगे	88
48.	तन्हा-तन्हा हम रो लेंगे	90
49.	बदला न अपने आपको	92
50.	कांटों की चुभन पाई	94
51.	जब नाम तेरा प्यार से	95
52.	धूप है क्या और साया है क्या	96
53.	क्या खबर थी इस तरह से	98
54.	माना कि मुश्ते खाक से	100
55.	तुम आओ, तो सही	102
56.	दिन आ गए शबाब के	103
57.	जो भी देगा खुदा देगो	104

58.	हमसफर होता कोई तो बांट लेते दूरियों	106
59.	कल जो पी थी	108
60.	पहले तो अपने दिल की रजो	110
61.	न तुम याद आओ	112
62.	प्यार ही प्यार हैं हमे	113
63.	जो जान और ईमान लेते हैं	115
64.	पसीने-पसीने हुए जा रहे हो	116
65.	मेरा गीत अमर कर दो	118
66.	ये दौलत भी ले लो	119
67.	खुदा हमको ऐसी खुदाई न दे	121
68.	अपने हाथों की लकीरों में	123
69.	उस मोड़ से शुरू करें	124
70.	कातिल को आज अपने ही घर	126
71.	जिन्दगी तुझको जिया है	128
72.	आप अपना जवाब लगती हो	130
73.	परेशां रात सारी है	132
74.	हंस के बोला करो	133
75.	अंगड़ाई पर अंगड़ाई लेती है	134
76.	इक नज़र देख के हम जान गए	135
77.	तुमने सूली पर लटकते जिसे देखा होगा	137
78.	अब किसी आंख का काजल	138
79.	कि तुमसे जुदा हूं मैं	140
80.	ज़ख्म जो आपकी इनायत है	141
81.	और ज़ख्म आये मुझे	143
82.	वो अफसाने कहां जाते	144
83.	हम तो हैं परदेस में	146
84.	अब खुशी है न कोई दर्द	147
85.	जाहिदों को दिखा-दिखा के पियो	149
86.	क्या ग़म है जिसे छुपा रहे हो	151
87.	आज तुमसे बिछड़ रहा हूं	153
88.	शब भर रहा चर्चा तेरा	154
89.	हम तो अपनी जिन्दगी से मिले	156

90.	न शिकायत न गिला है	157
91.	मैं गया वक्त नहीं हूं	159
92.	उसकी हसरत है	160
93.	तारीफ उस खुदा की	161
94.	मंजिल न दे चराग न दे	162
95.	सोचा नहीं अच्छा बुरा	163
96.	बाद मुद्दत उन्हें देखकर	165
97.	मेरे दरवाजे से अब	167
98.	ऐ खुदा रेत के सहरा को	169
99.	मजा ले गए बरसातों में	170
100.	ला पिला दे	172
101.	मैं चाहता भी यही था	174
102.	आपसे क्या गिला करें	176
103.	फिर पानी दे मौला	178
104.	उनकी आगोश में सर हो	180
105.	लबों से लब जो मिल गए	182
106.	रातें थीं सूनी-सूनी	183
107.	प्यार मुझसे जो किया तुमने	183
108.	क्यूं जिंदगी की राह में	184
109.	चलती कुरती मलमल दी	185
110.	सावन दा महीना	187
111.	मिलना ते मिलना आके	189
112.	सारे पिंड विच पवाड़े आए	190
113.	अपनी तस्वीर को आंखों से	192
114.	अबकी बरस भी वो नहीं आए	193
115.	आधी रात को ये दुनिया वाले	194
116.	इश्क में गैरते जज्बात ने	196
117.	इन अश्कों को पानी कहना	197
118.	उनसे नैन मिलाकर देखो	198
119.	कब तक दिल की खैर	199
120.	क्यों दिल की बात छिपाते हो	201
121.	कुछ दिन तो बसो	202

122.	ग़म मुझे, हसरत मुझे	203
123.	गए दिनों का सुराग	204
124.	चिट्ठी न कोई संदेश	205
125.	फिर नज़र से पिला दीजिए	206
126.	तमन्नाओं के बहलावे में	207
127.	तुम हमारे नहीं तो क्या गम है	209
128.	दिल वालों क्या देख रहे हो	210
129.	दिल की बात लबों पर	211
130.	दिल में तो मुहब्बत है	212
131.	न मुहब्बत न दोस्ती	213
132.	न कह साक़ी बहार	214
133.	मेरे जैसे बन जाओगे	215
134.	मोह की बात सुने हर कोय	217
135.	यूं सजा चांद	218
136.	रात भी नींद भी कहानी भी	219
137.	रुख़ से परदा	220
138.	शाम से आंख में नमी-सी है	221
139.	सर ही न झुका दिल भी	222

मान मौसम का कहा

मान मौसम का कहा, छाई घटा, जाम उठा
आग से आग बुझा, फूल खिला, जाम उठा
मान मौसम का कहा, छाई घटा, जाम उठा
ऐ मेरे यार तुझे उसकी कसम देता हूं
ऐ मेरे यार तुझे उसकी कसम देता हूं
भूल जा शिकवा-गिला हाथ मिला, जाम उठा
मान मौसम का कहा, छाई घटा, जाम उठा
आग से आग बुझा, फूल खिला, जाम उठा
मान मौसम का कहा, छाई घटा, जाम उठा
एक पल भी कभी हो जाता है सदियों जैसा
एक पल भी कभी हो जाता है सदियों जैसा
देर क्या करना यहां हाथ बढ़ा जाम उठा
मान मौसम का कहा, छाई घटा, जाम उठा
आग से आग बुझा, फूल खिला, जाम उठा
मान मौसम का कहा, छाई घटा, जाम उठा
प्यार ही प्यार है सब लोग बराबर हैं यहां
प्यार ही प्यार है सब लोग बराबर हैं यहां
मैकदे में कोई छोटा न बड़ा, जाम उठा
मान मौसम का कहा, छाई घटा, जाम उठा
आग से आग बुझा, फूल खिला, जाम उठा
मान मौसम का कहा, छाई घटा, जाम उठा

—बशीर 'बद्र'

मय रहे मीना रहे

मय रहे मीना रहे गर्दिश में पैमाना रहे
मय रहे मीना रहे, गर्दिश में पैमाना रहे
मेरे साकी तू रहे, आबाद मयखाना रहे
मय रहे मीना रहे गर्दिश में पैमाना रहे
हश्र भी तो हो चुका रुख से नहीं हटती नकाब
हश्र भी तो हो चुका रुख से नहीं...
हद भी आखिर कुछ है कब तक कोई दीवाना रहे
मय रहे मीना रहे, गर्दिश में पैमाना रहे
मेरे साकी तू रहे, आबाद मयखाना रहे
मय रहे मीना रहे गर्दिश में पैमाना रहे
रात को जा बैठते हैं रोज हम मजनूं के पास
पहले अनबन रह चुकी है अब तो याराना रहे
मय रहे मीना रहे, गर्दिश में पैमाना रहे
मेरे साकी तू रहे, आबाद मयखाना रहे
मय रहे मीना रहे गर्दिश में पैमाना रहे
जिंदगी का लुत्फ़ हो उड़ती रहे हरदम 'रियाज'
जिंदगी का लुत्फ़ हो उड़ती रहे हरदम 'रियाज'
हम हों शीशे-की-परी हो घर परीखाना रहे
मय रहे मीना रहे, गर्दिश में पैमाना रहे
मेरे साकी तू रहे, आबाद मयखाना रहे

– 'रियाज' खैराबादी

अपनी मर्ज़ी से कहां

अपनी मर्ज़ी से कहां अपने सफ़र के हम हैं
रुख हवाओं का जिधर का है उधर के हम हैं
अपनी मर्ज़ी से कहां अपने सफ़र के हम हैं
पहले हर चीज़ थी अपनी मगर अब लगता है
पहले हर चीज़ थी अपनी मगर अब लगता है
अपने ही घर में किसी दूसरे घर के हम हैं
अपने ही घर में किसी दूसरे घर के हम हैं
रुख हवाओं का जिधर का है उधर के हम हैं
वक्त के साथ है मिट्टी का सफ़र सदियों से
वक़्त के साथ है मिट्टी का सफ़र सदियों से
किसको मालूम कहां के हैं किधर के हम हैं
रुख हवाओं का जिधर का है उधर के हम हैं
चलते रहते हैं कि चलना है मुसाफिर का नसीब
चलते रहते हैं कि चलना है मुसाफिर का नसीब
सोचते रहते हैं कि किस राहगुज़र के हम हैं
रुख हवाओं का जिधर का है उधर के हम हैं
अपनी मर्ज़ी से कहां अपने सफ़र के हम हैं
अपनी मर्ज़ी से कहां अपने सफ़र के हम हैं

– **'निदा' फ़ाज़िली**

बस एक वक़्त का खंजर

बस एक व़क्त का खंजर मेरी तलाश में है
बस एक वक़्त का खंज़र मेरी तलाश में है
जो रोज़ भेस बदलकर मेरी तलाश में है
बस एक वक़्त का खंजर मेरी तलाश में है
मैं कतरा हूं मेरा अलग वजूद तो है
मैं कतरा हूं मेरा अलग वजूद तो है
हुआ करे जो समन्दर मेरी तलाश में है
हुआ करे जो समन्दर मेरी तलाश में है
जो रोज़ भेस बदलकर मेरी तलाश में है
बस एक वक़्त का खंजर मेरी तलाश में है
मैं देवता की तरह कैद अपने मन्दिर में
वो मेरे जिस्म के बाहर मेरी तलाश में है
वो मेरे जिस्म के बाहर मेरी तलाश में है
जो रोज़ भेस बदलकर मेरी तलाश में है
बस एक वक़्त का खंजर मेरी तलाश में है
मैं जिसके हाथ में एक फूल देके आया था
मैं जिसके हाथ में एक फूल देके आया था
उसी के हाथ का पत्थर मेरी तलाश में है
उसी के हाथ का पत्थर मेरी तलाश में है
जो रोज़ भेस बदलकर मेरी तलाश में है
बस एक वक़्त का खंजर मेरी तलाश में है

– कृष्ण बिहारी 'नूर'

मेरे क़रीब न आओ

मेरे क़रीब न आओ कि मैं शराबी हूं
मेरे क़रीब न आओ कि मैं शराबी हूं
मेरा शऊफ़ जगाओ कि मैं शराबी हूं
मेरे क़रीब न आओ कि मैं शराबी हूं
जमाने भर की निगाहों से गिर चुका हूं मैं
जमाने भर की निगाहों से गिर चुका हूं मैं
नजर से तुम न गिराओ कि मैं शराबी हूं
नजर से तुम न गिराओ कि मैं शराबी हूं
मेरे क़रीब न आओ कि मैं शराबी हूं
ये अर्ज़ करता हूं गिर के खुलूस वालों से
ये अर्ज करता हूं गिर के खुलूस वालों से
उठा सको तो उठाओ कि मैं शराबी हूं
उठा सको तो उठाओ कि मैं शराबी हूं
मेरे क़रीब न आओ कि मैं शराबी हूं
तुम्हारी आंख से भर लूं सुरूर आंखों में
नज़र-नज़र से मिलाओ कि मैं शराबी हूं
नज़र-नज़र से मिलाओ कि मैं शराबी हूं
मेरे क़रीब न आओ कि मैं शराबी हूं

–'सबा' सीकरी

तेरा चेहरा कितना सुहाना

तेरा चेहरा कितना सुहाना लगता है
तेरा चेहरा कितना सुहाना लगता है
तेरे आगे चांद पुराना लगता है
तेरा चेहरा कितना सुहाना लगता है
तिरछे-तिरछे तीर नजर के लगते हैं
तिरछे-तिरछे तीर नजर के लगते हैं
सीधा-सीधा दिल पे निशाना लगता है
सीधा-साधा दिल पे निशाना लगता है
तेरे आगे चांद पुराना लगता है
तेरा चेहरा कितना सुहाना लगता है
आग का क्या है पल दो पल में लगती है
आग का क्या है पल दो पल में लगती है
बुझते-बुझते एक जमाना लगता है
बुझते-बुझते एक ज़माना लगता है
तेरा चेहरा कितना सुहाना लगता है
तेरा चेहरा कितना सुहाना लगता है
सच तो यह है फूल का दिल भी छलनी है
सच तो यह है फूल का दिल भी छलनी है
हंसता चेहरा एक बहाना लगता है
हंसता चेहरा एक बहाना लगता है
तेरे आगे चांद पुराना लगता है
तेरा चेहरा कितना सुहाना लगता है

— 'कैफ़ी' भोपाली

मैं न हिन्दू न मुस्लमां

मैं न हिन्दू न मुस्लमां मुझे जीने दो
मैं न हिन्दू न मुस्लमां मुझे जीने दो
दोस्ती है मेरा ईमां मुझे जीने दो
मैं न हिन्दू न मुस्लमां मुझे जीने दो
कोई अहसां न करो मुझपे तो अहसां होगा
कोई अहसां न करो मुझपे तो अहसां होगा
सिर्फ़ इतना करो अहसां मुझे जीने दो
मैं न हिन्दू न मुस्लमां मुझे जीने दो
दोस्ती है मेरा ईमां मुझे जीने दो
मैं न हिन्दू न मुस्लमां मुझे जीने दो
सबके दुख-दर्द को अपना समझकर जीना
सबके दुख-दर्द को अपना समझकर जीना
बस यही है मेरा अरमां मुझे जीने दो
मैं न हिन्दू न मुस्लमां मुझे जीने दो
दोस्ती है मेरा ईमां मुझे जीने दो
मैं न हिन्दू न मुस्लमां मुझे जीने दो
लोग होते हैं जो हैरां मेरे जीने से
लोग होते हैं जो हैरां मेरे जीने से
लोग होते रहें हैरां मुझे जीने दो
मैं न हिन्दू न मुस्लमां मुझे जीने दो
दोस्ती है मेरा ईमां मुझे जीने दो
मैं न हिन्दू न मुस्लमां मुझे जीने दो

—शाहिद 'कबीर'

कौन आयेगा यहां

कौन आयेगा यहां कोई न आया होगा
कौन आयेगा यहां कोई न आया होगा
मेरा दरवाज़ा हवाओं ने हिलाया होगा
कौन आयेगा यहां कोई न आया होगा
दिले-नादां न धड़क, ऐ दिले-नादां न धड़क
दिले-नादां न धड़क, ऐ दिले-नादां न धड़क
कोई खत लेके पड़ोसी के घर आया होगा
कौन आयेगा यहां कोई न आया होगा
मेरा दरवाज़ा हवाओं ने हिलाया होगा
कौन आयेगा यहां कोई न आया होगा
गुल से लिपटी हुई तितली को गिराकर देखो
गुल से लिपटी हुई तितली को गिराकर देखो
आंधियों तुमने दरख़्तों को गिराया होगा
कौन आयेगा यहां कोई न आया होगा
मेरा दरवाज़ा हवाओं ने हिलाया होगा
कौन आयेगा यहां कोई न आया होगा
'कैफ़' परदेश में मत याद करो अपना मकां
'कैफ़' परदेश में मत याद करो अपना मकां
अब के बारिश में उसे तोड़ गिराया होगा
कौन आयेगा यहां कोई न आया होगा
मेरा दरवाज़ा हवाओं ने हिलाया होगा
कौन आयेगा यहां कोई न आया होगा

— 'कैफ़ी' भोपाली

बुझ गई अगन

बुझ गई तपते हुए दिन की अगन
सांझ ने चुपचाप ही पी ली जलन
रात झुक आई पहन उजला वसन
प्राण तुम क्यों मौन हो कुछ गुनगुनाओ
चांदनी के फूल तुम मुस्कुराओ
चांदनी के फूल तुम मुस्कुराओ
बुझ गई तपते हुए दिन की अगन
सांझ ने चुपचाप ही पी ली जलन
रात झुक आई पहन उजला वसन
प्राण तुम क्यों मौन हो कुछ गुनगुनाओ
चांदनी के फूल तुम मुस्कुराओ
एक नीली झील-सा है आंचल
एक नीली झील-सा है आंचल
आज ये आकाश पे कितना सजल
चांद जैसे डूबता उभरा कंवल
रात भर इस रूप का जादू जगाओ
प्राण तुम क्यों मौन हो कुछ गुनगुनाओ
बुझ गई तपते हुए दिन की अगन
सांझ ने चुपचाप ही पी ली जलन
रात झुक आई पहन उजला वसन
प्राण तुम क्यों मौन हो कुछ गुनगुनाओ
चांदनी के फूल तुम मुस्कुराओ

चल रहा है चैत का चंचल पवन
चल रहा है चैत का चंचल पवन
बांध लो बिखरी हुई उन्मत अगन
आज लो कजरा उदासे हैं नयन
मांग भर लो, भाल पर बिंदिया सजाओ
प्राण तुम क्यों मौन हो कुछ गुनगुनाओ

- पंडित विनोद शर्मा

चौदहवीं रात का चांद

कोई चौदहवीं रात का चांद बनकर
तुम्हारे तस्व्वुर में आया तो होगा
किसी से तो की होगी तुमने मुहब्बत
किसी को गले से लगाया तो होगा
तुम्हारे ख्यालों की अंगनाइयों में
मेरी याद के फूल महके तो होंगे
कभी अपनी आंखों के काजल से तुमने
मेरा नाम लिखकर मिटाया तो होगा
लबों से मुहब्बत का जादू जगाकर
भारी बज़्म में सबसे नज़रें बचा के
निगाहों की राहों से दिल में समा के
किसी ने तुम्हें भी चुराया तो होगा
कभी आईने से निगाहें मिलाकर
जो ली होगी भरपूर अंगड़ाई तूने
तो घबरा के खुद तेरी अंगड़ाइयों ने
तेरे हुस्न को गुदगुदाया तो होगा
निगाहों में शम्मे-तमन्ना जलाके
तकी होंगी तुमने भी राहें किसी की
किसी ने तो वादा किया होगा तुम से
किसी ने तुम्हे भी रुलाया होगा
कोई चौदहवीं रात का चांद बनकर
तुम्हारे तस्व्वुर में आया तो होगा
किसी से तो की होगी तुमने मुहब्बत
किसी को गले से लगाया तो होगा

–अख्तर 'आजाद'

जो चल सको तो चलो

सफर में धूप तो होगी जो चल सको तो चलो
सफर में धूप तो होगी जो चल सको तो चलो
सभी हैं भीड़ में तुम भी निकल सको तो चलो
सभी हैं भीड़ में तुम भी निकल सको तो चलो
सफर में धूप तो होगी जो चल सको तो चलो

किसी के वास्ते राहें कहां बदलती हैं
किसी के वास्तें राहें कहां बदलती हैं
तुम अपने आपको खुद ही बदल सको तो चलो
तुम अपने आपको खुद ही बदल सको तो चलो
सफर में धूप तो होगी जो चल सको तो चलो

यहां किसी को कोई रास्ता नहीं देता
यहां किसी को कोई रास्ता नहीं देता
मुझे गिरा के अगर तुम सम्भल सको तो चलो
मुझे गिरा के अगर तुम सम्भल सको तो चलो
सफर में धूप तो होगी जो चल सको तो चलो

यही है जिन्दगी कुछ ख्वाब चन्द उम्मीदें
यही है जिन्दगी...
यही है ज़िन्दगी कुछ ख्वाब चन्द उम्मीदें
इन्हीं खिलौनों से तुम भी बहल सको तो चलो
इन्हीं खिलौनों से तुम भी बहल सको तो चलो
सफर में धूप तो होगी जो चल सको तो चलो
सभी हैं भीड़ में तुम भी निकल सको तो चलो
सफर में धूप तो होगी जो चल सको तो चलो

— 'निदा' फ़ाज़िली

ये बता दे मुझे जिन्दगी

ये बता दे मुझे ज़िन्दगी
ये बता दे मुझे ज़िन्दगी
प्यार की राह के हमसफर
किस तरह बन गए अजनबी
ये बता दे मुझे ज़िन्दगी
फूल क्यों सारे मुरझा गए
किस लिए बुझ गयी चांदनी
ये बता दे मुझे ज़िन्दगी

कल जो बांहों में थी
और निगाहों में थी
अब वो गरमी कहां खो गई
कल जो बांहों में थी
और निगाहों में थी
अब वो गरमी कहां खो गई

न वो अन्दाज है
न वो आवाज़ है
न वो अन्दाज है
न वो आवाज है
अब वो नरमी कहां खो गई
ये बता दे मुझे ज़िन्दगी
ये बता दे मुझे ज़िन्दगी
प्यार की राह के हमसफर

किस तरह बन गए अजनबी
ये बता मुझे ज़िन्दगी

बेवफा तुम नहीं
बेवफा हम नहीं
फिर वो जज़्बात क्यों सो गए
बेवफा तुम नहीं
बेवफा हम नहीं
फिर वो जज़्बात क्यों सो गए
प्यार तुमको भी है
प्यार हमको भी है
फासले फिर ये क्या हो गए
ये बता दे मुझे ज़िन्दगी
प्यार की राह के हमसफर
किस तरह बन गए अजनबी
ये बता दे मुझे ज़िन्दगी
फूल क्यों सारे मुरझा गये
किस लिए बुझ गई चांदनी
ये बता दे मुझे ज़िन्दगी
ये बता दे मुझे ज़िन्दगी

- जावेद अख़्तर

झुकी-झुकी सी नज़र

झुकी-झुकी सी नज़र
बेक़रार है कि नहीं

दबा-दबा सा सही
दिल में प्यार है कि नहीं

तू अपने दिल की जबां
धड़कनों को गिन के बता
मेरी तरह तेरा दिल
बेक़रार है कि नहीं
दबा-दबा सा सही
दिल में प्यार है कि नहीं
झुकी-झुकी सी नज़र
बेक़रार है कि नहीं

वो पल कि जिसमें मुहब्बत
जवान होती है
उस एक पल का तुझे
इन्तज़ार है कि नहीं
उस एक पल का तुझे
इन्तज़ार है कि नहीं
दबा-दबा सा सही
दिल में प्यार है कि नहीं
झुकी झुकी सी नज़र

बेक़रार है कि नहीं
झुकी-झुकी सी नज़र

तेरी उम्मीद से ठुकरा
रहा हूं दुनिया को
तुझे भी अपने पे ये
ऐतबार है कि नहीं
दबा-दबा सा सही
दिल में प्यार है कि नहीं

- 'कैफ़ी' आज़मी

तू नहीं तो ज़िन्दगी में

तू नहीं तो ज़िन्दगी में और क्या रह जाएगा
तू नहीं तो ज़िन्दगी में और क्या रह जाएगा
तू नहीं तो....
तू नहीं तो ज़िन्दगी में और क्या रह जाएगा
तू नहीं तो,
दूर तक तन्हाइयों का
दूर तक तन्हाइयों का सिलसिला रह जाएगा
दूर तक तन्हाइयों का सिलसिला रह जाएगा
तू नहीं तो ज़िन्दगी में और क्या रह जाएगा
तू नहीं तो...
दर्द की सारी तहें और सारे गुज़रे हादसे
दर्द की सारी तहें और सारे गुज़रे हादसे
सब धुआं हो जायेंगे
सब धुआं हो जायेंगे इक वाकिया रह जायेगा
तू नहीं तो ज़िन्दगी में और क्या रह जाएगा
तू नहीं तो....
यूं भी होगा वो मुझे दिल से भुला देगा मगर
यूं भी होगा,
यूं भी होगा वो मुझे दिल से भुला देगा मगर
ये भी खुद उसी में इक खला रह जाएगा
ये भी खुद उसी में इक खला रह जाएगा
तू नहीं तो ज़िन्दगी में और क्या रह जाएगा
तू नहीं तो....

दायरे इन्सान के इन्कार के इकरार की सरगोशियां
दायरे इन्सान के इन्कार के इकरार की सरगोशियां
ये अगर टूटे कभी तो,
ये अगर टूटे कभी तो फासला रह जाएगा
ये अगर टूटे कभी तो फासला रह जाएगा
तू नहीं तो ज़िन्दगी में और क्या रह जाएगा
तू नहीं तो ज़िन्दगी में और क्या रह जाएगा
तू नहीं तो,

— **इमाम सिद्दीक़ी**

कोई ये कैसे बताए

कोई ये कैसे बताए कि वह तन्हा क्यों है
कोई ये कैसे बताए कि वह तन्हा क्यों है
वो अपना था वो किसी और का क्यों है
यही दुनिया है तो फिर ऐसी ये दुनिया क्यों है
यही होता है तो आखिर ये होता क्यों है

इक जरा हाथ बढ़ा दे तो पकड़ ले दामन
उनके सीने में समा जाये हमारी धड़कन
इतनी कुरबत है तो फिर फासला इतना क्यों है

दिले बरबाद से निकला नहीं अब तक कोई
इक लुटे घर पर दिया करता है दस्तक कोई
आस जो टूट गई फिर से बंधाता क्यों है
तुम मुसर्रत का कहो या इस गम का रिश्ता
कहते हैं प्यार का रिश्ता है जनम का रिश्ता
हैजन्म का ये रिश्ता तो बदलता क्यों है
कोई ये कैसे बताए कि वह तन्हा क्यों है
वो अपना था वो किसी और का क्यों है
यही दुनिया है तो फिर ऐसी ये दुनिया क्यों है
यही होता है तो आखिर ये होता क्यों है

— 'कैफी' आजमी

कभी तो खुलके बरस

कभी तो खुलके बरस अब्रे मेहरबां की तरह
कभी तो खुलके बरस अब्रे मेहरबां की तरह
मेरा वजूद है जलते हुए मकां की तरह
कभी खुल के बरस अब्रे मेहरबां की तरह

मैं एक ख्वाब सही आप की अमानत हूं
मैं एक ख्वाब सही आप की अमानत हूं
मुझे सम्भाल कर रखियेगा जिस्मों जां की तरह
मेरा वजूद है जलते हुए मकां की तरह
कभी तो खुलके बरस अब्रं मेहरबां की तरह

कभी तो सोचते वो शख्स कितना था बुलन्द
कभी तो सोचते वो शख्स कितना था बुलन्द
जो बिछ गया तेरे कदमों में आसमां की तरह
मेरा वजूद है जलते हुए मकां की तरह
कभी तो खुलके बरस अब्रे मेहरबां की तरह

बुला रहा है मुझे किसी बदन का बदन
बुला रहा है मुझे किसी बदन का बदन
गुजर न जाए ये रुत भी कहीं खिजा की तरह
मेरा वजूद है जलते हुए मकां की तरह
कभी तो खुलके बरस अब्रे मेहरबां की तरह

- प्रेम बार वर्टनी

कोई समझेगा क्या राज़े-गुलशन

कोई समझेगा क्या राज़े गुलशन
कोई समझेगा क्या राज़े गुलशन
जब तक उलझे न कांटों से दामन
कोई समझेगा क्या राजे गुलशन

यक-ब-यक सामने आना-जाना
यक-ब-यक सामने आना-जाना
यक-ब-यक सामने आना-जाना
रुक न जाए कहीं दिल की धड़कन
रुक न जाए कहीं दिल की धड़कन
कोई समझेगा क्या राज़े गुलशन

गुल तो गुलफाम तक चुन लिए हैं
गुल तो गुलफाम तक चुन लिए हैं
गुल तो गुलफाम तक चुन लिए हैं।
फिर भी खाली है कुरते का दामन
फिर भी खाली है कुरते का दामन
कोई समझेगा क्या राजे गुलशन

कितनी आरायिशे आशियाना
कितनी आरायिशे आशियाना
टूट जाये न शाखे-नशेमन
टूट जाये न शाखे-नशेमन
कोई समझेगा क्या राज़े-गुलशन

अज़मते-आशियाना बनाती
अज़मते आशियाना बनाती
अज़मते आशियाना बनाती
बर्क को दोस्त समझोगे दुश्मन
बर्क को दोस्त समझोगे दुश्मन
बर्क को दोस्त समझोगे दुश्मन
कोई समझेगा क्या राजे गुलशन
जब तक उलझे न कांटों से दामन

—'फना' निज़ामी

मेरे दुख : की कोई दवा न करो

मेरे दु:ख की कोई दवा न करो
मेरे दु:ख की कोई दवा न करो
मुझको मुझको अभी जुदा न करो
मेरे दु:ख की कोई दवा न करो

नाखुदा को खुदा कहा है तो फिर
नाखुदा को खुदा कहा है तो फिर
डूब जाऊं खुदा, खुदा न करो
डूब जाऊं खुदा, खुदा न करो
मेरे दु:ख की कोई दवा न करो

ये सिखाया है दोस्तों ने हमें
ये सिखाया है दोस्तों ने हमें
ये सिखाया है दोस्तों ने हमें
दोस्त बनकर कभी वफा न करो
दोस्त बनकर कभी वफा न करो
मेरे दु:ख की कोई दवा न करो

इश्क है इश्क ये मज़ाक नहीं
इश्क है इश्क ये मज़ाक नहीं
चन्द लम्हों में फैसला न करो
चन्द लम्हों में फैसला न करो
मेरे दु:ख की कोई दवा न करो

आशिकी हो कि बन्दगी 'फ़ाखिर'
आशिकी हो कि बन्दगी 'फ़ाखिर'
आशिकी हो कि बन्दगी 'फ़ाखिर'
बेदिली से तो इब्तेदा न करो
बेदिली से तो इब्तेदा न करो
बेदिली से तो इब्तेदा न करो
मेरे दुख की कोई दवा न करो

– **सुदर्शन 'फ़ाखिर'**

मेरे नाम का कोई और है

मेरी ज़िन्दगी किसी और की
मेरे नाम का कोई और है
मेरा अक्स है सरे आईना
पसे आईना कोई और है

मेरी ज़िन्दगी किसी और की
मेरे नाम का कोई और है
मेरी धड़कनों में है चाप उसी
ये जुदाई भी विलाप उसी
मुझे क्या पता मेरे दिल बता
मेरे साथ क्या कोई और है
मुझे क्या पता मेरे दिल बता
मेरे साथ क्या कोई और है
मेरी ज़िन्दगी किसी और की
मेरे नाम का कोई और है

न गए दिनों को खबर मेरी
न शरीक हाल नज़र तेरी
तेरी भी सुनो, मेरी भी सुनो
कोई और था कोई और है
मेरी ज़िन्दगी किसी और की
मेरे नाम का कोई और है

वो मेरी तरफ निगरां रहे
मेरा ध्यान जाने कहां रहे
मेरी आंख में कई सूरतें
मुझे चाहता कोई और है
मेरी जिन्दगी किसी और की
मुझे चाहता कोई और है
मेरा अक्स है सरे आईना
पसे आईना कोई और है
मेरी जिन्दगी किसी और की
मुझे चाहता कोई और है

- मुज़फ्फर अली 'वासी'

लिपट के रोये दीवाना वार

जिस मोड़ पर किये थे हमने करार बरसों
जिस मोड़ पर किये थे हमने करार बरसों
उससे लिपट के रोये
उससे लिपट के रोये दीवाना वार बरसों
जिस मोड़ पर किये थे हमने करार बरसों
जिस मोड़ पर किये थे हमने करार बरसों
उससे लिपट के रोये दीवाना वार बरसों
जिस मोड़ पर किये थे हमने करार बरसों
जिस मोड़ पर...

तुम गुलिस्तां से आये जिक्रे-खिज़ां ही लाये
तुम गुलिस्तां से आये जिक्रे-खिज़ां ही लाये
हमने वफ़स पे देखी
हमने वफ़स पे देखी फसले-बहार बरसों
जिस मोड़ पर किये थे हमने करार बरसों
उससे लिपट के रोये दीवाना वार बरसों
जिस मोड़ पर...

होती रही है यूं तो बरसात आसमां की
होती रही है यूं तो बरसात आसमां की
उठते रहे हैं फिर भी,
उठते रहे हैं फिर भी दिल से गुबार बरसों
जिस मोड़ पर किये थे हमने करार बरसों

उससे लिपट के रोये दीवाना वार बरसों
जिस मोड़ पर...
वो संगदिन था कोई बेगाना-ए-दिल था
वो संगदिल था कोई बेगाना-ए-दिल था
करती रही हूं जिसका,
करती रही हूं जिसका मैं इन्तजार बरसों
करती रही हूं जिसका मैं इन्तजार बरसों
जिस मोड़ पर किये थे हमने करार बरसों
उससे लिपट के रोये,
उससे लिपट के रोये दीवाना वार बरसों
जिस मोड़ पर किये थे हमने करार बरसों
जिस मोड़ पर...

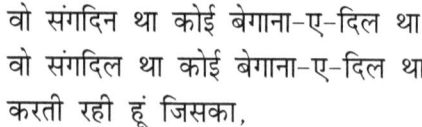

मैं रोया परदेस में

मैं रोया परदेस में भीगा मां का प्यार
दु:ख ने सुख से बात की बिन चिट्ठी बिन तार
छोटा करके देखिए जीवन का विस्तार
आंखों भर आकाश है, बांहों भर संसार
मैं रोया परदेस में भीगा मां का प्यार

चले थे तन के नाथ को घूमें बस्ती नाथ
हर चादर के घेरे से बाहर निकले पांव
सब की पूजा एक सी अलग-अलग हर रीत
मस्जिद जाये मौलवी, कोयल गाए गीत
पूजा घर में मूर्ति मीरा के संग श्याम
जिसकी जितनी चाहती उतने उसके नाम
नदियां सींचे खेत को तोता कुतरे आम
सूरज देके तार सा सब को बांट के खाए

सातों दिन भगवान के क्या मंगल क्या पीर
जिस दिन सोये देर तक भूखा रहे फकीर
अच्छी संगत बैठकर संगी बदले जायें
जैसे मिलकर आम से मीठी हो गई धूप

सपना झरना लूटकर जागी आधी प्यास
पाना खोना खोजना सांसों का इतिहास
चाहे गीता बांचिए या पढ़िए कुरआन
चाहे गीता बांचिए या पढ़िए कुरआन
मेरा तेरा प्यार ही हर पुसतक का ज्ञान

– **'निदा' फ़ाज़िली**

देखा तो मेरा साया भी

देखा तो मेरा साया भी मुझसे जुदा मिला
देखा तो मेरा साया भी मुझसे जुदा मिला
सोचा तो हर किसी से मेरा सिलसिला मिला
देखा तो मेरा साया भी मुझसे जुदा मिला

शहरे वफा में अब किसे अहले वफा कहें
शहरे वफा में अब किसे अहले वफा कहें
हमसे गले मिला वही बेवफा मिला
देखा तो मेरा साया भी मुझसे जुदा मिला
सोचा तो हर किसी से मेरा सिलसिला मिला

फुर्सत किसे जो मेरे हालात पूछता
फुर्सत किसे जो मेरे हालात पूछता
फुर्सत किसे जो मेरे हालात पूछता
हर शख्स अपने बारे में कुछ सोचता मिला
देखा तो मेरा साया भी मुझसे जुदा मिला
सोचा तो हर किसी से मेरा सिलसिला मिला

उसने तो खैर अपनों से मोड़ा था मुंह 'अयाज'
उसने तो खैर अपनों से मोड़ा था मुंह 'अयाज'
मैंने क्या किया कि वो सजा मिला
मैंने क्या किया कि वो सजा मिला
देखा तो मेरा साया भी मुझसे जुदा मिला
सोचा तो हर किसी से मेरा सिलसिला मिला
देखा तो मेरा साया भी मुझसे जुदा मिला

– **'अयाज' झांसवी**

कांटों से भी जीनत होती है

गुलशन की फकत फूलों से नहीं
कांटों से भी जीनत होती है

जीने के लिए इस दुनिया में
गम की जरूरत होती है
गुलशन की फकत फूलों से नहीं
कांटों से भी जीनत होती है
अय वाइजे नादां करता है
तू एक कयामत का चरचा
यहां रोज निगाहें मिलती हैं
यहां रोज कयामत होती है

वो पुरसिसे ग़म हो आये हैं
कुछ कह न सकूं चुप रह न सकूं
खामोश रहूं तो मुश्किल है
कह दूं तो शिकायत होती है

करना ही पड़ेगा जब्ते-जिगर
पीने ही पड़ेंगे ये आंसू
फरियाद फुगा से कहला दो
तौहीने मुहब्बत होती है

जो आके रुके दामन पे सबा
वो अश्क नहीं है पानी है
जो अश्क न छलके आंखों से
उस अश्क की कीमत होती है
जो अश्क न छलके आंखों से
उस अश्क की कीमत होती है
जीने के लिए इस दुनिया में
ग़म की भी जरूरत होती है।

– 'सबा' अफ़गानी

जीवन क्या है

जीवन क्या है चलता फिरता एक खिलौना
जीवन क्या है चलता फिरता एक खिलौना
जीवन क्या है...
दो आंखों ने एक सा हंसना एक सा रोना है
दो आंखों ने एक सा हंसना एक सा रोना है
जीवन क्या है चलता फिरता एक खिलौना
जीवन क्या है...
जो जी चाहे वो मिल जाए कब ऐसा होता है
जो जी चाहे वो मिल जाए कब ऐसा होता है
हर जीवन जीवन किसी का समझौता है
जो जी चाहे वो मिल जाए कब ऐसा होता है
हर जीवन जीवन किसी का समझौता है
अब तक जो होता आया है वो ही होता है
जीवन क्या है चलता फिरता एक खिलौना
दो आंखों ने एक सा हंसना एक सा रोना है
जीवन क्या है चलता फिरता एक खिलौना
जीवन क्या है...
रात अंधेरी भोर सुनहरी यही जमाना है
रात अंधेरी भोर सुनहरी यही जमाना है
रात अन्धेरी...

हर चादर में दुःख का सुख का ताना है
आती सांस को पाना जाती सांस को खोना है
आती सांस को पाना जाती सांस को खोना है
जीवन क्या है चलता फिरता एक खिलौना है
जीवन क्या है चलता फिरता एक खिलौना है
दो आंखों ने एक सा हंसना एक सा रोना है
दो आंखों ने एक सा हंसना एक सा रोना है
जीवन क्या है चलता फिरता एक खिलौना
जीवन क्या है...

– 'निदा' फाजिली

ऐसा लगता है जिंदगी तुम हो

ऐसा लगता है जिंदगी तुम हो
ऐसा लगता है जिंदगी तुम हो
अजनबी जैसे अजनबी तुम हो
ऐसा लगता है जिन्दगी तुम हो

अब कोई आरजू नहीं बाकी
अब कोई आरजू नहीं बाकी
अब कोई आरजू नहीं बाकी
जुस्तुजू मेरी आखिरी तुम हो
ऐसा लगता है जिंदगी तुम हो
ऐसा लगता है जिंदगी तुम हो

मैं जमीं पर घना अंधेरा हूं
मैं जमीं पर घना अंधेरा हूं
मैं जमीं पर घना अंधेरा हूं
आसमानों की चांदनी तुम हो
आसमानों की चांदनी तुम हो
ऐसा लगता है जिंदगी तुम हो
ऐसा लगता है जिंदगी तुम हो

दोस्तों से वफा की उम्मीदें
दोस्तों से वफा की उम्मीदें
दोस्तों से वफा की उम्मीदें
किस जमाने के आदमी तुम हो
किस जमाने के आदमी तुम हो
ऐसा लगता है जिंदगी तुम हो
ऐसा लगता है जिंदगी तुम हो
अजनबी कैसे अजनबी तुम हो
ऐसा लगता है जिन्दगी तुम हो

- बशीर 'बद्र'

तुमको देखा तो

तुमको देखा तो ये ख्याल आया
तुमको देखा तो ये ख्याल आया
जिन्दगी धूप तुम घना साया
तुमको देखा तो ये ख्याल आया

तुमको देखा तो ये ख्याल आया
तुमको देखा तो ये ख्याल आया
जिन्दगी धूप तुम घना साया
तुमको देखा तो ये ख्याल आया

आज फिर दिल ने इक तमन्ना की
आज फिर दिल ने इक तम्मना की
आज फिर दिल को हमने समझाया
आज फिर दिल को हमने समझाया
तुमको देखा तो ये ख्याल आया

तुम चले जाओगे तो सोचेंगे
तुम चले जाओगे तो सोचेंगे
हमने क्या खोया हमने क्या पाया
हमने क्या खोया हमने क्या पाया
जिंदगी धूप तुम घना साया
तुमको देखा तो ये ख्याल आया
तुमको देखा तो ये ख्याल आया

हम जिसे गुनगुना नहीं सकते

हम जिसे गुनगुना नहीं सकते
वक्त ने ऐसा गीत क्यों गाया
वक्त ने ऐसा गीत क्यों गाया
जिन्दगी धूप तुम घना साया
तुमको देखा तो ये ख्याल आया
तुमको देखा तो ये ख्याल आया
तुमको देखा तो ये ख्याल आया

- जावेद अख्तर

ऐसे हिज्र के मौसम

ऐसे हिज्र के मौसम पग-पग आते हैं
ऐसे हिज्र के मौसम पग-पग आते हैं
तेरे अलावा,
तेरे अलावा याद हमें सब आते हैं
ऐसे हिज्र के मौसम पग-पग आते हैं
ऐसे हिज्र के...
जागती आंखों से भी देखो दुनिया को
जागती आंखों से भी देखो दुनिया को
आदम का क्या वो सर शस आते हैं
तेरे अलावा याद हमें सब
ऐसे हिज्र के मौसम पग-पग आते हैं
ऐसे हिज्र के...
अब वो सफर की ताब नहीं बाकी वरना
अब वो सफर की ताब नहीं बाकी वरना
हम तो जलवे दश्त से जन तक आते हैं
तेरे अलावा याद हमें सब आते हैं
तेरे अलावा...
ऐसे हिज्र के मौसम पग-पग आते हैं
ऐसे हिज्र के...

कागज की कश्ती में दरिया पार किया
कागज की कश्ती में दरिया पार किया
देखो हमको क्या-क्या
देखो हमको क्या-क्या करतब आते हैं

देखो हमको क्या-क्या करतब आते हैं
तेरे अलावा याद हमें सब आते हैं
तेरे अलावा याद हमें सब आते हैं

ऐसे हिज्र के मौसम पग-पग आते हैं
ऐसे हिज्र के मौसम पग-पग आते हैं
तेरे अलावा याद हमें सब आते हैं
ऐसे हिज्र के मौसम पग-पग आते हैं

—शहरयार

दुआ करो कि ये पौधा

दुआ करो कि ये पौधा सदा हरा ही लगे
दुआ करो कि ये पौधा सदा हरा ही लगे
उदासियों से भी चेहरा खिला-खिला ही लगे
दुआ करो...
ये चांद-तारों का आंचल उसी का हिस्सा है
ये चांद-तारों का आंचल उसी का हिस्सा है
कोई जो दूसरा ओढ़े तो दूसरा ही लगे
दुआ करो...
नहीं है मेरे मुकद्दर में रोशनी न सही
नहीं है मेरे मुकद्दर में रोशनी न सही
ये खिड़की खोलो जरा सुबह की हवा ही लगे
दुआ करो...
अजीब शख्स है नाराज हो के हंसता है
अजीब शख्स है नाराज हो के हंसता है
मैं चाहता हूं खफा हो तो वो खफा ही लगे
उदासियों से भी चेहरा खिला-खिला ही लगे
दुआ करो कि ये पौधा सदा हरा ही लगे
दुआ करो...

- बशीर 'बद्र'

इस सोच में बैठा हूं

इस सोच में बैठा हूं
इस सोच में बैठा हूं
क्या गम उसे पहुंचा है
बिखरी हुई जुल्फें हैं
उतरा हुआ चेहरा है
इस सोच में बैठा हूं

जिस फूल को तितली ने
जिस फूल को तितली ने
चूमा मेरी जानिब से
जालिम ने उस कली को
मसला नहीं रौंदा है
जालिम ने उस कली को
मसला नहीं रौंदा है
बिखरी हुई जुल्फें हैं
उतरा हुआ चेहरा है

हालांकि पुकारा था
हालांकि पुकारा था
तुम ही ने मुझे लेकिन
महसूस हुआ जैसे
कोयल ने पुकारा है

महसूस हुआ जैसे
कोयल ने पुकारा है
बिखरी हुई जुल्फें हैं
उतरा हुआ चेहरा है

मुड़कर भी नहीं देखा
मुड़कर भी नहीं देखा
झोंकों की तरह उसने
वो मेरे बराबर से
हंसता हुआ गुजरा है
वो मेरे बराबर से
हंसता हुआ गुजरा है
बिखरी हुई जुल्फें हैं
उतरा हुआ चेहरा है

इस सोच में बैठा हूं
क्या गम उसे पहुंचा है
बिखरी हुई जुल्फें हैं
उतरा हुआ चेहरा है

ये तेरा घर ये मेरा घर

ये तेरा घर ये मेरा घर किसी को देखना हो गर
तो पहले आके मांग ले मेरी नज़र तेरी नज़र
ये घर बहुत हसीन है, ये घर बहुत हसीन है
न बादलों की छांव में न चांदनी के गांव में
न फूल जैसे रास्ते बने हैं इसके वास्ते
मगर ये घर अजीब है जमीन के करीब़ है
ये ईंट-पत्थरों का घर हमारी हसरतों का घर
ये तेरा घर ये मेरा घर...
जो चांदनी नहीं तो क्या ये रोशनी है प्यार की
दिलों के फूल खिल गए तो फ़िक्र क्या बहार की
हमारे घर न आएगी कभी खुशी उधार की
हमारी राहतों का घर हमारी चाहतों का घर
ये तेरा घर ये मेरा घर...
यहां महक वफ़ाओं की है क़हक़हों का रंग है
ये घर तुम्हारा ख्वाब है ये घर मेरी उमंग है
न आरजू पे कैद न हौसले पर जंग है
हमारे हौसले का घर हमारी हिम्मतों का घर
ये तेरा घर ये मेरा घर...

- जावेद अख़्तर

न शिवाले न कलीसा

न शिवाले न कलीसा
न हरम झूठे हैं
बस यही सच है कि
तुम झूठे हो हम झूठे हैं
न शिवाले न कलीसा
न हरम झूठे हैं

हमने देखा है नहीं
बोलते इन्हें अब तक
कौन कहता कि
पत्थर के सनम झूठे हैं

न शिवाले न कलीसा न हरम झूठे हैं
उनसे मिलिये तो खुशी
होती है उनसे मिलकर
शहर के दूसरे लोगों से
जो कम झूठे हैं
न शिवाले न कलीसा न हरम झूठे हैं
बस यही सच है कि
तुम झूठे हो हम झूठे हैं
न शिवाले न कलीसा
न हरम झूठे हैं

कुछ तो है बात जो
तहरीरों में तस्वीर नहीं
झूठ फनकार नहीं हैं
तो कलम झूठे हैं
न शिवाले न कलीसा
न हरम झूठे हैं
बस यही सच है
कि तुम झूठे हो हम झूठे हैं

- 'अयाज' झांसवी

देखा जो आईना तो मुझे

देखा जो आईना तो मुझे सोचना पड़ा
देखा जो आईना तो मुझे सोचना पड़ा
देखा जो आईना तो मुझे सोचना पड़ा
खुद से न मिल सका तो मुझे सोचना पड़ा

उसका जो खत मिला तो मुझे सोचना पड़ा
उसका जो खत मिला तो मुझे सोचना पड़ा
अपना सा वो लगा तो मुझे सोचना पड़ा
उसका जो खत मिला तो मुझे सोचना पड़ा

मुझको था ये गुमान कि मुझमें है इक अदा
मुझको था ये गुमान कि मुझमें है इक अदा
देखी तेरी अदा तो मुझे सोचना पड़ा
देखी तेरी अदा तो मुझे सोचना पड़ा
खुद से न मिल सका तो मुझे सोचना पड़ा
देखा जो आईना तो मुझे सोचना पड़ा

दुनिया समझ रही थी तू नाराज मुझसे है
दुनिया समझ रही थी तू नाराज मुझसे है
लेकिन वो जब मिला तो मुझे सोचना पड़ा
लेकिन वो जब मिला तो मुझे सोचना पड़ा
अपना सा वो लगा तो मुझे सोचना पड़ा
उसका जो खत मिला तो मुझे सोचना पड़ा

इक दिन वो मेरे ऐब गिनाने लगा शबाब
इक दिन वो मेरे ऐब गिनाने लगा शबाब
जब खुद ही थक गया तो मुझे सोचना पड़ा
देखा जो आईना तो मुझे सोचना पड़ा
देखा जो आईना तो मुझे सोचना पड़ा
खुद से न मिल सका तो मुझे सोचना पड़ा
उसका जो खत मिला तो मुझे सोचना पड़ा
उसका जो खत मिला तो मुझे सोचना पड़ा

– **'फिराक़ गोरखपुरी'**

शम्मे मजार थी न कोई

शम्मे मजार थी, न कोई सोगवार था
शम्मे मजार थी, न कोई सोगवार था
तुम जिस पे रो रहे थे, वो किसका मजार था
शम्मे मजार थी, न कोई सोगवार था

तड़पूंगा उम्र भर दिले महबूब के लिए
तड़पूंगा उम्र भर दिले महबूब के लिए
कमबख्त नामुराद, लड़कपन का यार था
तुम जिस पे रो रहे थे, वो किसका मजार था
शम्मे मजार थी, न कोई सोगवार था

जादू है या तिलिस्म हमारी जुबान में
जादू है या तिलिस्म हमारी जुबान में
तुम झूठ कह रहे थे, मेरे एतबार का
शम्मे मजार थी, न कोई सोगवार था

क्या-क्या हमारे सजदे की रुसवाइयां हुई
नख्शे कदम किसी का सरे रहगुजार था
तुम जिस पे रो रहे थे, वो किसका मजार था
शम्मे मजार थी, न कोई सोगवार था

– **'बेखुद' देहलवी**

जगमगाते शहर की रानाइयों में

जगमगाते शहर की रानाइयों में क्या न था
ढूंढने निकला था जिसको मैं वही चेहरा न था
रेत पर लिखे हुए नग्मों को पढ़कर देख लो
आज तन्हा रह गया हूं कल मगर ऐसा न था

ढूंढने निकला था जिसको मैं वही चेहरा न था
जगमगाते शहर की रानाइयों में क्या न था
ढूंढने निकला था जिसको मैं वही चेहरा न था

हम वही तुम भी वही मौसम वही मंजर वही
फासला बढ़ जाएगा इतना कभी सोचा न था
जगमगाते शहर की रानाइयों में क्या न था
ढूंढने निकला था जिसको मैं वही चेहरा न था

फिक्र के दर पर कोई आहट कोई दस्तक न थी
वो फ़कत बीमार जिसका कोई हमसाया न था
वो फकत बीमार जिसका कोई हमसाया न था
ढूंढने निकला था जिसको मैं वही चेहरा न था
जगमगाते शहर की रानाइयों में क्या न था

छोड़ गया जिन सफीनों को तलातुम के करीब
नाखुदा उनमें तेरा कोई अपना न था
ढूंढने निकला था जिसको मैं वही चेहरा न था

— अमीर 'कजलबाश'

हम दोस्ती एहसास वफा

हम दोस्ती एहसास वफा भूल गए हैं
हम दोस्ती एहसास वफा भूल गए हैं
जिन्दा तो हैं जीने की अदा भूल गए हैं
हम दोस्ती एहसास वफा भूल गए हैं

खूशबू जो लुटाते हैं मसलते हैं उसी को
एहसास क्या बदला यह मिलता है कली को
एहसास तो लेते हैं सिला भूल गए हैं
हम दोस्ती एहसास वफा भूल गए हैं

करते हैं मुहब्बत का और एहसास का सौदा
मतलब के लिए करते हैं ईमान का सौदा
डर मौत का और खौफे-खुदा भूल गये हैं
हम दोस्ती एहसास वफा भूल गए हैं

अब मोम में ढलकर कोई पत्थर नहीं होता
अब कोई भी कुर्बान किसी पर नहीं होता
क्यूं भटके हैं मंजिल का पता भूल गए हैं
हम दोस्ती एहसास वफा भूल गये हैं
हम दोस्ती एहसास वफा भूल गए हैं
जिन्दा तो हैं जीने की अदा भूल गए हैं
हम दोस्ती एहसास वफा भूल गए हैं
भूल गये हैं...

– 'पयाम' सईदी

या तो मिट जाइए

या तो मिट जाइए या मिटा दीजिए
या तो मिट जाइए या मिटा दीजिए
कीजिए जब भी सौदा खरा कीजिए

कीजिए जब भी सौदा खरा कीजिए
या तो मिट जाइए या मिटा दीजिए
अब जफा कीजिए या वफा कीजिए
अब जफा कीजिए या वफा कीजिए

अब जफा कीजिए या वफा कीजिए
आखिरी वक्त है बस दुआ कीजिए
आखिरी वक्त है बस दुआ कीजिए
अपने चेहरे से जुल्फें हटा दीजिए
अपने चेहरे से जुल्फें हटा दीजिए
अपने चेहरे से जुल्फें हटा दीजिए

और फिर चांद का सामना कीजिए
हर तरफ फूल ही फूल खिल जायेंगे
हर तरफ फूल ही फूल खिल जायेंगे

आप ऐसे ही हंसते रहा कीजिए
आप ऐसे ही हंसते रहा कीजिए

आपकी यह हंसी जैसे घुंघरू बजी
आपकी यह हंसी जैसे घुंघरू बजी
और कयामत है क्या ये बता दीजिए
और कयामत है क्या ये बता दीजिए
कीजिए जब भी सौदा खरा कीजिए

कीजिए जब भी सौदा खरा कीजिए
या तो मिट जाइए या मिटा दीजिए

— 'वाज़िदा' तबस्सुम

कौन कहता है

कौन कहता है मुहब्बत की जुबां होती है
कौन कहता है मुहब्बत की जुबां होती है
ये हकीकत है निगाहों से बयां होती है
कौन कहता है

मेरी दुनिया को नहीं गर्दिशे-दौरां से खबर
मेरी दुनिया को नहीं गर्दिशे-दौरां से खबर
दिन जो ढलता है यहां रात होती है
कौन कहता है...

कैफे-सैलाब-ए-मुहब्बत को कहां तक रोकें
कैफे-सैलाब-ए-मुहब्बत को कहां तक रोकें
दिल में जो बात है आंखों से बयां होती है
दिल में जो बात है आंखों से बयां होती है
कौन कहता है....

जिंदगी एक सुलगती सी चिता है 'साहिर'
जिंदगी एक सुलगती सी चिता है 'साहिर'
शोला बनती है न ये बुझके धुआं होती है
शोला बनती है न ये बुझके धुआं होती है
कौन कहता है मुहब्बत की जुबां होती है
ये हकीकत तो निगाहों से बयां होती है
कौन कहता है....

— 'साहिर' होशियारपुरी

सरकती जाए है रुख से नकाब

सरकती जाये है रुख से नकाब आहिस्ता-आहिस्ता
सरकती जाये है रुख से नकाब आहिस्ता-आहिस्ता
निकलता आ रहा है आफताब आहिस्ता-आहिस्ता
सरकती जाये है...

जवां होने लगे जब वो,
जवां होने लगे जब वो तो हमसे कर लिया पर्दा
हमसे कर लिया पर्दा
जवां होने लगे जब वो तो हमसे कर लिया पर्दा
हया यकलख्त आई और शबाब आहिस्ता-आहिस्ता
हया यकलख्त आई और शबाब आहिस्ता-आहिस्ता
सरकती जाये है..

शबे फुरकत का जागा हूं फरिश्तों अब तो सोने दो
जागा हूं...मैं बहुत जागा हूं
शबे फुरकत का जागा हूं फरिश्तों अब तो सोने दो
कभी फुर्सत से कर लेना हिसाब आहिस्ता-आहिस्ता
सरकती जाये है...

सवाले वस्ल पे उनको उदू का खौफ है इतना
सवाले वस्ल पे उनको उदू का खौफ है इतना
वे होंठों से देते हैं जवाब...
वे होठों से देते हैं जवाब आहिस्ता-आहिस्ता

वे होठों से देते हैं जवाब आहिस्ता-आहिस्ता
सरकती जाये हैं...
हमारे और तुम्हारे प्यार में बस फर्क है इतना
इधर तो जल्दी-जल्दी है
इधर तो जल्दी-जल्दी है उधर आहिस्ता-आहिस्ता
सरकती जाए है...

वो बेदर्दी से सरका दें 'अमीर' और मैं कहूं उनसे
और मैं कहूं उनसे,
वो बेदर्दी से सरका दें 'अमीर' और मैं कहूं उनसे
हुजूर आहिस्ता-आहिस्ता जनाब आहिस्ता-आहिस्ता
सरकती जाये है रुख से नकाब आहिस्ता-आहिस्ता
निकलता आ रहा है आफताब आहिस्ता-आहिस्ता
सरकती जाये है...

— 'अमीर' मीनाई

मिलकर जुदा हुए तो

मिलकर जुदा हुए तो न सोया करेंगे हम
मिलकर जुदा हुए तो न सोया करेंगे हम
एक दूसरे की याद में रोया करेंगे हम
मिलकर जुदा हुए तो न सोया करेंगे हम

आंसू छलक-छलककर सतायेंगे रात भर
आंसू छलक-छलककर सतायेंगे रात भर
मोती पलक-पलक में पिरोया करेंगे हम
मोती पलक-पलक में पिरोया करेंगे हम

जब दूरियों की आग दिलों को जलायेगी
जब दूरियों की आग दिलों को जलायेगी
जिस्मों को चांदनी में भिगोया करेंगे हम
जिस्मों को चांदनी में भिगोया करेंगे हम

गर दगा दे गया हमें तूफान भी 'कातील'
गर दगा दे गया हमें तूफान भी 'कातील'
साहिल पे कश्तियों को डुबोया करेंगे हम
साहिल पे कश्तियों को डुबोया करेंगे हम
इक दूसरे की याद में रोया करेंगे हम
मिलकर जुदा हुए तो...

– 'क़ातील' शिफ़ाई

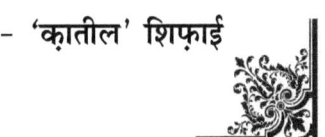

आवारा गलियों में

आवारा गलियों में मैं और मेरी तन्हाई
जायें तो कहां जायें हर मोड़ पे रुसवाई
जायें तो कहां जायें हर मोड़ पे रुसवाई
अंधियारा गलियों में मैं और मेरी तन्हाई

ये फूल से चेहरे हैं, हंसते हुए गुल पत्ते
ये फूल से चेहरे हैं, हंस हुए गुल पत्ते
कोई भी नहीं अपना बेगाने हैं सब रिश्ते
कोई भी नहीं अपना बेगाने हैं सब रिश्ते
राहें भी तमाशाई, राही भी तमाशाई
मैं और मेरी तन्हाई...

अरमान सुलगते हैं सीने में चिता जैसे
अरमान सुलगते हैं सीने में चिता जैसे
कातिल नजर आते हैं दुनिया को हवा जैसे
कातिल नजर आते हैं दुनिया को हवा जैसे
रोती है मेरे दिल पर बजती हुई शहनाई
मैं और मेरी तन्हाई...

आकाश के माथे पे तारों का चरांगा है
आकाश के माथे पे तारों का चरांगा है

पहलू में मगर मेरे जख्मों का गुलिस्तां है
पहलू में मगर मेरे जख्मों का गुलिस्तां है

आंखों से लहू टपका दामन में बहार आई
जायें तो कहां जायें हर मोड़ पे रुसवाई
आवारा गलियों में मैं और मेरी तन्हाई
मैं और मेरी तन्हाई...

- प्रेम बार वर्टनी

तुम नहीं ग़म नहीं शराब नहीं

तुम नहीं गम नहीं शराब नहीं
तुम नहीं गम नहीं शराब नहीं
ऐसी तन्हाई का जवाब नहीं
ऐसी तन्हाई का जवाब नहीं
तुम नहीं गम नहीं शराब नहीं

गाहे-गाहे इसे पढ़ा कीजिये
गाहे-गाहे,
गाहे गाहे इसे पढ़ा कीजिए
दिल से बेहतर कोई किताब नहीं
दिल से बेहतर कोई किताब नहीं
ऐसी तन्हाई का जवाब नहीं
तुम नहीं गम नहीं शराब नहीं

जाने किस किस की मौत आई है
जाने किस किस की,
जाने किस किस की मौत आई है
आज रुख पर कोई नकाब नहीं
आज रुख पर कोई नकाब नहीं
ऐसी तन्हाई का जवाब नहीं
तुम नहीं गम नहीं शराब नहीं
वो करम उंगलियों पे गिनते हैं
वो करम उंगलियों पे गिनते हैं

वो करम उंगलियों पे गिनते हैं
जुल्म का जिनके कोई हिसाब नहीं
जुल्म का जिनके कोई हिसाब नहीं
ऐसी तन्हाई का जवाब नहीं
तुम नहीं गम नहीं शराब नहीं
गाहे गाहे इसे पढ़ा कीजिए
दिल से बेहतर कोई किताब नहीं
दिल से बेहतर कोई किताब नहीं
गाहे गाहे इसे पढ़ा कीजिए
दिल से बेहतर कोई किताब नहीं
ऐसी तन्हाई का जवाब नहीं

दुनिया जिसे कहते हैं

दुनियां जिसे कहते हैं जादू का खिलौना है
दुनियां जिसे कहते हैं जादू का खिलौना है
मिल जाए तो मिट्टी है खो जाए तो सोना है
मिल जाए तो मिट्टी है खो जाए तो सोना है
दुनिया जिसे...

अच्छा सा कोई मौसम तन्हा सा कोई आलम
अच्छा सा कोई मौसम तन्हा सा कोई आलम
हर वक्त का रोना तो बेकार का रोना है
मिल जाए तो मिट्टी है खो जाए तो सोना है
दुनिया जिसे...

बरसात का बादल तो दीवाना है क्या जाने
बरसात का बादल तो दीवाना है क्या जाने
किस राह से बचना है किस छत को भिगोना है
मिल जाए तो मिट्टी है खो जाए तो सोना है
दुनिया जिसे...

गम हो कि खुशी दोनों कुछ देर के साथी हैं
गम हो कि खुशी दोनों कुछ देर के साथी हैं
फिर रस्ता ही रस्ता है हंसना है न रोना है
मिल जाए तो मिट्टी है खो जाए तो सोना है
दुनिया जिसे कहते हैं जादू का खिलौना है
मिल जाए तो मिट्टी है खो जाए तो सोना है
दुनिया जिसे...

— 'निदा' फ़ाज़िली

ये इनायतें ग़ज़ब की

ये इनायतें गजब की ये बला की मेहरबानी
ये इनायतें गजब कीं ये बला की मेहरबानी
मेरी खैरियत भी पूछी मेरी खैरियत भी पूछी
किसी और की जुबानी ये इनायतें गजब कीं
ये बला की मेहरबानी
मेरा गम रुला चुका है मेरा गम रुला चुका है
तुझे बिखरी जुल्फ वाले मेरा गम रुला चुका है
तुझे बिखरी जुल्फ वाले ये घटा बता रही है
कि बरस चुका है पानी कि बरस चुका है पानी
मेरी खैरियत भी पूछी किसी और की जुबानी
ये इनायतें गजब कीं

तेरा हुस्न सो रहा था तेरा हुस्न सो रहा था
मेरी छेड़ ने जगाया तेरा हुस्न सो रहा था
मेरी छेड़ ने जगाया
वो निगाह मैंने डाली वो निगाह मैंने डाली
कि संवर गई जवानी मेरी खैरियत भी पूछी
किसी और की जुबानी
ये इनायतें गजब कीं

ये बला की मेहरबानी
मेरी बेजुबान आंखों से गिरे हैं चंद कतरे
मेरी बेजुबान आंखों से गिरे हैं चंद कतरे
वो समझ सके तो आंसू
वो समझ सके तो आंसू न समझ सके तो पानी
मेरी खैरियत भी पूछी किसी और की जुबानी
ये इनायतें गजब कीं ये बला की मेहरबानी
ये इनायतें गजब की

कि मैं जिंदा हूं अभी

किसी रंजिश को हवा दो
कि मैं जिंदा हूं अभी
किसी रंजिश को हवा दो
कि मैं जिंदा हूं अभी
मुझको एहसास दिला दो
कि मैं जिंदा हूं अभी
किसी रंजिश को हवा दो
कि मैं जिंदा हूं अभी

मेरे रुकने से मेरी
सांसें भी रुक जायेंगी
मेरे रुकने से मेरी
सांसें भी रुक जायेंगी
फासले और बढ़ा दो
फासले और बढ़ा दो
कि मैं जिंदा हूं अभी
किसी रंजिश को हवा दो

जहर पीने की तो
आदत थी जमाने वालों
जहर पीने की तो
आदत थी जमाने वालों
अब कोई और हवा दो
अब कोई ओर हवा दो

कि मैं जिंदा हूं अभी
मुझको एहसास दिला दो
कि मैं जिंदा हूं अभी

चलती राहों में यूं ही
चलती राहों में यूं ही
आंख लगी है फ़ाखिर
चलती रहों में यूं ही
आंख लगी है –फ़ाखिर'
भीड़ लोगों की हटा दो
भीड़ लोगों की हटा दो
कि मैं जिंदा हूं अभी
मुझको एहसास दिला दो
कि मैं जिंदा हूं अभी
किसी रंजिश को हवा दो
कि मैं जिंदा हूं अभी

— **सुदर्शन 'फ़ाख़िर'**

कुछ तबियत ही मिली थी

कुछ तबियत ही मिली थी ऐसी
चैन से जीने की सूरत न हुई
कुछ तबियत ही मिली थी ऐसी
चैन से जीने की सूरत न हुई
जिसको चाहा उसे अपना न सके
जो मिला उससे मुहब्बत न हुई
जिससे जब तक मिले दिल ही से मिले
दिल जो बदला तो फसाना बदला
रस्मे दुनियां की निभाने के लिए
हमसे रिश्तों की तिजारत न हुई
जिसको चाहा उसे अपना न सके
जो मिला उसे मुहब्बत न हुई

दूर से था वो कई चेहरों में
पास से कोई भी वैसा न लगा
बेवफ़ाई भी उसी का था चलन
फिर किसी से ही शिकायत न हुई
जिसको चाहा उसे अपना न सके
जो मिला उससे मुहब्बत न हुई

वक्त रूठा रहा बच्चे की तरह
वक्त रूठा रहा बच्चे की तरह
राह में कोई खिलौना न मिला
दोस्ती भी तो निभाई न गई

दुश्मनी में भी अदावत न हुई
जिसको चाहा उसे अपना न सके
जो मिला उससे मुहब्बत न हुई

- 'निदा' फ़ाज़िली

बाबुल मोरा पीहर

बाबुल मोरा...
बाबुल मोरा पीहर छूटो जाए
बाबुल मोरा पीहर छूटो जाए

चार कहार मिल मोरी
डोलिया सजाए रे
चार कहार मिल मोरी
डोलिया सजाए रे
मोरा अपना बेगाना छूटो जाए
पीहर छूटो जाए
बाबुल मोरा पीहर छूटो जाए
बाबुल मोरा...मोरा...मोरा

अंगना तो पर्वत भयो
ड्योढ़ी भई बिदेस
अंगना तो पर्वत भयो
ड्योढ़ी भई बिदेस
ले बाबुल घर आपना
मैं चली पिया के देस
बाबुल मोरा...मोरा...
बाबुल मोरा पीहर छूटो जाए
बाबुल मोरा पीहर छूटो जाए

सुना था वो आयेंगे

सुना था वो आयेंगे अन्जुमन में
सुना था वो आयेंगे अन्जुमन में
सुना था कि उनसे मुलाकात होगी
सुना था वो आयेंगे अन्जुमन में
हमें क्या पता था, हमें क्या खबर थी
हमें क्या पता था, हमें क्या खबर थी
न ये बात होगी न वो बात होगी
न ये बात होगी न वो बात होगी
सुना था कि उनसे मुलाकात होगी

मैं कहता हूं इस दिल को दिल में बसा लो
मैं कहता हूं इस दिल को दिल में बसा लो
वो कहते हैं हमसे निगाहें मिला लो
निगाहों को मालूम क्या दिल की हालत
निगाहों-निगाहों में क्या बात होगी
सुना था कि उनसे मुलाकात होगी

न ये बात होगी न वो बात होगी
सुना था कि उनसे मुलाकात होगी
हमें खींचकर इश्क लाया है तेरा
हमें होगा जब तक न दीदार तेरा
तेरे दर पे हमने लगाया है डेरा
हमें होगा जब तक न दीदार तेरा

हमें होगा जब तक न दीदार तेरा
यहीं सुबह होगी यहीं रात होगी
सुना था कि उनसे मुलाकात होगी
न ये बात होगी न वो बात होगी
सुना था कि उनसे मुलाकात होगी

मुहब्बत का जब हमने छेड़ा फसाना
मुहब्बत का जब हमने छेड़ा फसाना
तो गोरे से मुखड़े पे आया पसीना
जो निकले थे घर से तो क्या जानते थे
जो निकले थे घर से तो क्या जानते थे
कि यूं धूप में आज बरसात होगी
सुना था कि उनसे मुलाकात होगी
न ये बात होगी न वो बात होगी
सुना था कि उनसे मुलाकात होगी

खफा हमसे होकर वो बैठे हुए हैं
खफा हमसे होकर वो बैठे हुए हैं
रकीबों में घिरकर वो बैठे हुए हैं
न वो देखते हैं न हम देखते हैं
यहां बात होगी तो क्या बात होगी
न ये बात होगी न वो बात होगी
सुना था कि उनसे मुलाकात होगी

तन्हा-तन्हा हम रो लेंगे

तन्हा-तन्हा हम रो लेंगे
महफिल-महफिल गायेंगे
जब तक आंसू पास रहेंगे
तब तक गीत सुनायेंगे
तन्हा-तन्हा हम रो लेंगे
महफिल-महफिल गायेंगे

तुम जो सोचो वो तुम जानो
हम तो अपनी कहते हैं
देर न करना घर जाने में
वरना घर खो जायेंगे

बच्चों के छोटे हाथों को
चांद-सितारे चूमेंगे
चार किताबें पढ़कर वे भी
हम जैसे हो जायेंगे
तन्हा-तन्हा हम रो लेंगे
महफिल-महफिल गायेंगे

किन राहों से दूर है मन्जिल
कौन सा रस्ता आसां है
हम जब थककर रुक जायेंगे
औरों को समझायेंगे

तन्हा-तन्हा हम रो लेंगे
महफिल-महफिल गायेंगे

अच्छी सूरत वाले सारे
पत्थर दिल हों मुमकिन है
हम तो उस दिन से देंगे
जिस दिन धोखा खायेंगे
तन्हा-तन्हा हम रो लेंगे
महफिल-महफिल गायेंगे
जब तक आंसू पास रहेंगे
तब तक गीत सुनायेंगे

—सरदार अंजुम

बदला न अपने आपको

बदला न अपने आपको
जो थे वही रहे
मिलते रहे सभी से
मगर अजनबी रहे
बदला न अपने आपको
जो थे वही रहे

दुनिया न जीत पाओ तो
हारो न खुद को तुम
थोड़ी-बहुत तो जिद में
नाराजगी रहे
बदला न अपने आपको
जो थे वही रहे
बदला....
अपनी तरह सभी को
किसी की तलाश थी
हम जिसके भी करीब रहे
दूर ही रहे
बदला न अपने आपको
जो थे वही रहे
बदला न...
गुजरो जो ख्वाब से तो
दुआ मांगते चलो

जिसमें खिले हैं फूल वो
डाली हरी रहे

बदला न अपने आपको
जो थे वहीं रहे
मिलते रहे सभी से
मगर अजनबी रहे

'निदा' फ़ाज़िली

कांटों की चुभन पाई

कांटों की चुभन पाई, फूलों का मजा भी
कांटों की चुभन पाई, फूलों का मजा भी
इस दर्द के मौसम में, दिल रोया भी हंसा भी
कांटों की चुभन पाई, फूलों का मजा भी

आहिस्ता सबक याद किऐ जाने की खबर है
आहिस्ता सबक याद किए जाने की खबर है
वो देख रहा था तुझे दूर गया भी
इस दर्द के मौसम में, रोया भी हंसा भी
कांटों की चुभन पाई, फूलों का मजा भी

हर एक से मंजिल का पता पूछ रहा है
हर एक से मंजिल का पता पूछ रहा है
गुमराह मेरे साथ हुआ, हुआ राहनुमा भी
इस दर्द के मौसम में, दिल रोया भी हंसा भी
कांटों की चुभन पाई, फूलों का मजा भी

गुमनाम कभी अपनों से जो गम हुए हासिल
गुमनाम कभी अपनों से जो गम हुए हासिल
कुछ याद रहे दिल में तो कुछ भूल गया भी
इस दर्द के मौसम में, दिल रोया भी हंसा भी
कांटों की चुभन पाई, फूलों का मजा भी

जब नाम तेरा प्यार से

जब नाम तेरा प्यार से लिखती है उंगलियां
जब नाम तेरा प्यार से लिखती हैं उंगलियां
मेरी तरफ जमाने की उठती हैं उंगलियां
जब नाम तेरा प्यार से लिखती हैं उंगलियां

दामन सनम का हाथ में आया था एक पल
दामन सनम का हाथ में आया था एक पल
दिन-रात उसी पल पे थिरकती हैं उंगलियां
जब नाम तेरा प्यार से लिखती हैं उंगलियां
जिस दिन से दूर हो गए, उस दिन से ही सनम
जिस दिन से दूर हो गए, उस दिन से ही सनम
बस दिन तुम्हारे आने के गिनती हैं उंगलियां
जब नाम तेरा प्यार से लिखती हैं उंगलियां

पत्थर तराश कर ना बना 'ताज' एक नया
पत्थर तराश कर ना बना 'ताज' एक नया
फनकार की जुबान में कटती हैं उंगलियां
जब नाम तेरा प्यार से लिखती हैं उंगलियां
मेरी तरफ जमाने की उठती हैं उंगलियां
जब नाम तेरा प्यार से लिखती हैं उंगलियां

—मदनपाल

धूप है क्या और साया क्या है

धूप है क्या और साया क्या है
अब मालूम हुआ
ये सब खेल तमाश क्या है
अब मालूम हुआ
धूप है क्या और साया क्या है
अब मालूम हुआ
धूप है क्या और साया क्या है

हंसते फूल का चेहरा देखूं
भर-भर आये आंख
अपने साथ ये किस्सा क्या है
अब मालूम हुआ
धूप है क्या और साया क्या है
अब मालूम हुआ
धूप है क्या और साया क्या है

हम बरसों के बाद भी उसको
अब तक ढूंढ न पाये
दिल से उसका रिश्ता क्या है
अब मालूम हुआ है
धूप है क्या और साया क्या है
अब मालूम हुआ
धूप है क्या और साया क्या है

सहेरा-सहेरा प्यासे अटके
सारी उम्र जले
बादल का एक टुकड़ा क्या है
अब मालूम हुआ है
धूप है क्या और साया क्या है
अब हमें मालूम हुआ
ये सब खेल तमाशा क्या है
अब हमें मालूम हुआ
धूप है क्या और साया क्या है
अब मालूम हुआ

– **'ज़फ़र' गोरखपुरी**

क्या खबर थी इस तरह से

क्या खबर थी इस तरह से
वो जुदा हो जाएगा
ख्वाब में भी उसका मिलना
हादसा हो जाएगा
क्या खबर थी इस तरह से
वो जुदा हो जाएगा

जिन्दगी की कैद-गम से
क्या मिटा लोगे उसे
मरके जब आ जाएगी
तो खुद गिरह खुल जाएगा
क्या खबर थी इस तरह से
वो जुदा हो जाएगा
ख्वाब में भी उसका मिलना
हादसा हो जायेगा
क्या खबर थी इस तरह से
वो जुदा हो जाएगा

दोस्त बनकर उसको चाहा
ये कभी सोचा न था
दोस्त की ही दोस्ती में
वो खुदा हो जाएगा

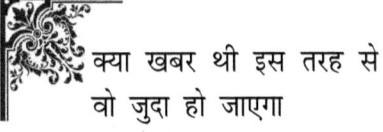
क्या खबर थी इस तरह से
वो जुदा हो जाएगा

उसका जलवा होगा क्या
जिसका कि परदा नूर है
जो भी उसको देख लेगा
वो फिदा हो जाएगा
क्या खबर थी इस तरह से
वो जुदा हो जाएगा
ख्वाब में भी उसका मिलना
हादसा हो जाएगा

- वफ़ा

माना कि मुश्ते खाक से

माना कि मुश्ते खाक से
बढ़कर नहीं हूं मैं
माना कि मुश्ते खाक से
बढ़कर नहीं हूं मैं
माना कि मुश्ते खाक से
बढ़कर नहीं हूं मैं
लेकिन हवा के रहमों करम पर नहीं हूं मैं
माना कि मुश्ते खाक से बढ़कर नहीं हूं मैं
माना कि मुश्ते खाक से

इन्सान हूं धड़कते हुए दिल पे हाथ रख
इन्सान हूं धड़कते हुए दिल पे हाथ रख
यूं डूबकर न देख...
यूं डूबकर न देख, समुन्दर नहीं हूं मैं
लेकिन हवा के रहमो करम पर नहीं हूं मैं
यूं डूबकर न देख, समुन्दर नहीं हूं मैं
लेकिन हवा के रहमों करम पर नहीं हूं मैं
माना कि मुश्ते खाक से...
चेहरे पे मल रहा हूं स्याही नसीब की
चेहरे पे मल रहा हूं स्याही नसीब की
आईना हाथ में है
आईना हाथ में है सिकन्दर नहीं हूं मैं
आईना हाथ में हैं सिकन्दर नहीं हूं मैं

लेकिन हवा के रहमों करम पर नहीं हूं मैं
माना कि मुश्ते खाक से बढ़कर नहीं हूं मैं
माना कि मुश्ते खाक से बढ़कर नहीं हूं मैं
माना के मुश्ते खाक से

गालिब तेरी जमीन में लिक्खी तो है ग़ज़ल
गालिब तेरी जमीन में लिक्खी तो है ग़ज़ल
तेरे कदे सुखन के
तेरे कदे सुखन के बराबर नहीं हूं मैं
तेरे कदे सुखन के बराबर नहीं हूं मैं
लेकिन हवा के रहमों करम पर नहीं हूं मैं
माना कि मुश्ते खाक से बढ़कर नहीं हूं मैं
माना कि मुश्ते खाक से बढ़कर नहीं हूं मैं
माना कि मुश्ते खाक से

- मुज़फ़्फ़र अली वार्सी

तुम आओ, तो सही

तुमको हम दिल में बसा लेंगे तुम आओ तो सही
तुमको हम दिल में बसा लेंगे तुम आओ तो सही
सारी दुनिया से छुपा लेंगे तुम आओ तो सही
तुमको हम दिल में...

एक वादा करो अब हमसे न बिछड़ोगे कभी
एक वादा करो...
एक वादा करो अब हमसे न बिछड़ोगे कभी
नाज हम सारे उठा लेंगे तुम आओ तो सही
नाज हम सार उठा लेंगे तुम आओ तो सही
तुमको हम दिल में बसा लेंगे तुम आओ तो सही
बेवफाई है सितमगर से जफा से साकी
बेवफाई है सितमगर से जफा से साकी
हम खुदा तुमको बना लेंगे तुम आओ तो सही
हम खुदा तुमको बना लेंगे तुम आओ तो सही
राह तारीक है और दूर है मन्जिल लेकिन
राह तारीक है और दूर है मन्जिल लेकिन
राह तारीक है...

राह तारीक है और दूर है मन्जिल लेकिन
दर्द की शम्मा जला लेंगे तुम आओ तो सही
दर्द की शम्मा जला लेंगे तुम आओ तो सही
सारी दुनिया से छुपा लेंगे तुम आओ तो सही
तुमको हम दिल में बसा लेंगे तुम आओ तो सही
तुमको हम दिल में...

- मुमताज मिर्ज़ा'

दिन आ गए शबाब के

दिन आ गए शबाब के आंचल सम्भालिए
दिन आ गए शबाब के आंचल सम्भालिए
होने लगी है शहर में हलचल आंचल सम्भालिए
दिन आ गए शबाब के आंचल सम्भालिए

चलिए सम्भल-सम्भल के कठिन राहे इश्क है
चलिये सम्भल-सम्भल के कठिन राहे इश्क है
नाज़ुक बड़ी है आपकी पायल सम्भालिए
दिन आ गए शबाब के आंचल सम्भालिए

सज-धज के आप निकले सरे राह खैर हो
सज-धज के आप निकले सरे राह खैर हो
टकरा न जाए आपका आंचल संभालिए
दिन आ गए शबाब के आंचल सम्भालिए

घर से न जाओ दूर किसी अजनबी के साथ
घर से न जाओ दूर किसी अजनबी के साथ
बरसेंगे जोर शोर से बादल आंचल सम्भालिए
दिन आ गए शबाब के आंचल सम्भालिए
होने लगी है शहर में हलचल आंचल सम्भालिए
दिन आ गए शबाब के आंचल सम्भालिए

– **मदनपाल**

जो भी देगा खुदा देगा

आदमी, आदमी को क्या देगा
आदमी, आदमी को क्या देगा
जो भी देगा वही खुदा देगा

मेरा कातिल मेरा मुनसिफ है
मेरा कातिल मेरा मुनसिफ है
मेरा कातिल मेरा मुनसिफ है
क्या मेरे हक में फैसला देगा
क्या मेरे हक में फैसला देगा
आदमी, आदमी को क्या देगा
जो भी देगा वही खुदा देगा

जिन्दगी को करीब से देखो
जिन्दगी को करीब से देखो

इसका चेहरा तुम्हे रुला देगा
इसका चेहरा तुम्हें रुला देगा
आदमी, आदमी को क्या देगा
जो भी देगा वही खुदा देगा

हमसे पूछो दोस्ती का सिला
हमसे पूछो दोस्ती का सिला
दुश्मनों का दिल मिला देगा
आदमी, आदमी को क्या देगा
जो भी देगा वही खुदा देगा

इश्क का जहर पी लिया 'फाख़िर'
इश्क का जहर पी लिया 'फाख़िर'
अब नसीबा को क्या दवा देगा
अब नसीबा को क्या दवा देगा

आदमी, आदमी को क्या देगा
आदमी, आदमी को क्या देगा
जो भी देगा वही खुदा देगा
जो भी देगा वही खुदा देगा
आदमी, आदमी को क्या देगा
जो भी देगा वही खुदा देगा

- सुदर्शन 'फ़ाख़िर'

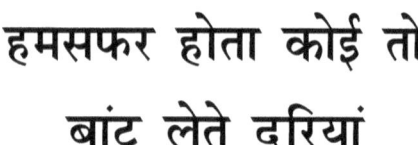

हमसफर होता कोई तो बांट लेते दूरियां

हमसफर होता कोई तो बांट लेते दूरियां
हमसफर होता कोई तो बांट लेते दूरियां
राह चलते लोग,
राह चलते लोग क्या समझें मेरी मजबूरियां
हमसफर होता कोई तो बांट लेते दूरियां
राह चलते लोग क्या समझें मेरी मजबूरियां
हमसफर होता...

मुस्कुराते ख्वाब चुनती गुनगुनाती ये नज़र
मुस्कराते ख्वाब चुनती गुनगुनाती ये नज़र
किस तरह,
किस तरह समझें मेरी किस्मत की ना मजबूरियां
किस तरह समझें मेरी किस्मत की ना मजबूरियां
राह चलते लोग क्या समझें मेरी मजबूरियां
हमसफर होता...

हादिसों की भीड़ है चलता हुआ ये कारवां
चलता हुआ ये कारवां,
हादिसों की भीड़ है चलता हुआ ये कारवां
जिन्दगी का नाम है लाचारियां मजबूरियां
जिन्दगी का नाम है लाचारियां मजबूरियां
राह चलते लोग क्या समझे मेरी मजबूरियां
हम सफर होता...

फिर किसी ने आज छेड़ा जिक्रे-मंजिल इस तरह
फिर किसी ने आज छेड़ा जिक्रे-मंजिल इस तरह
दिल के दामन से लिपटने आ गयी हैं दूरियां
दिल के दामन से लिपटने आ गयी हैं दूरियां
राह चलते लोग क्या समझें मेरी मजबूरियां
हमसफर होता कोई तो बांट लेते दूरियां
हमसफर होता...

—गुमराह

कल जो पी थी

कल जो पी थी अजी ये तो उसी का नशा है
कल जो पी थी अजी ये तो उसी का नशा है
तुम्हारी कसम आज पी ही नहीं
तुम्हारी कसम आज पी ही नहीं
कल जो पी...
आज कुछ नशा तो आपकी बात का है
आज कुछ नशा तो आपकी बात का है
और थोड़ा नशा धीमी बरसात का है
हमें आप यूं ही शराबी न कहिये
हमें आप यूं ही शराबी न कहिये
ये दिल पर असर तो मुलाकात का है
हिचकियां आ रही हैं ये क्या हो गया है
तुम्हारी कसम आज पी ही नहीं है
कल जो पी थी

लोग कहते हैं मैं पिये बैठा हूं
लोग कहते हैं मैं पिये बैठा हूं
खुद को मदहोश किए बैठा हूं
जान बाकी है तो वो भी ले लीजिए
जान बाकी है तो वो भी ले लीजिए
दिल तो पहले ही दिये बैठा हूं
तुम्हारी कसम आज पी ही नहीं
कल जो पी थी...

हम तो मदहोश हैं आप जबसे मिले
हम जो मदहोश हैं आप जबसे मिले
आज पी ही नहीं तो ज़ालिम जवानी जले
आज पी ही नहीं तो जालिम जवानी जले
यूं ही घबरा गए डगमगाने तो दीजिये
देखिए ये तो हैं प्यार के सिलसिले
थाम लीजिये हमें बस यही इल्तिजा है
थाम लीजिये हमें बस यही इल्तिजा है
तुम्हारी कसम आज पी ही नहीं
कल जो पी थी अजी ये उसी का नशा है
तुम्हारी कसम आज पी ही नहीं
कल जो पी थी...

- **नामालूम**

पहले तो अपने दिल की रजा

पहले तो अपने दिल की रजा जान जाइये
पहले तो अपने दिल की रजा जान जाइये
फिर जो निगाहें यार कहे मान जाइए
पहले तो अपने दिल की रजा जान जाइये
फिर जो निगाहें यार कहे मान जाइए
पहले तो अपने दिल की रजा...

पहले निगाहें राहे गुजर जान जाइये
पहले निगाहें राहे गुजर जान जाइये
फिर गर्द-ए-राह जो भी कहे जान जाइये
कुछ कह रही हैं आपके सीने की धड़कनें
कुछ कह रही हैं आपके सीने की धड़कनें
मेरी सुनें तो दिल का कहा मान जाइये
मेरी सुनें तो दिल का कहा मान जाइये
फिर जो निगाहें यार कहे मान जाइए
पहले तो अपने दिल की रजा जान जाइये

इक धूप सी जमी है निगाहों के आसपास
इक धूप सी जमी है निगाहों के आसपास
ये आप हैं तो आपके कुर्बान जाइये
ये आप हैं तो आपके कुर्बान जाइये
फिर जो निगाहें यार कहे मान जाइए
पहले तो अपने दिल की रजा जान जाइये

शायद हुजूर से कोई निस्बत हमें भी है
शायद हुजूर से कोई निस्बत हमें भी है
आंखों में झांककर हमें पहचान जाइये
आंखों में झांककर हमें पहचान जाइये
फिर जो निगाहें यार कहें मान जाइए
पहले तो अपने दिल की रजा जान जाइये
फिर जो निगाहें यार कहे मान जाइए

पहले मिजाज-ए-राह गुजर जान जाइये
पहले मिजाज-ए-राह गुजर जान जाइये
फिर गर्द-ए-राह जो भी कहे मान जाइये

- 'शकील' बदायूंनी

न तुम याद आओ

चलो बांट लेते हैं अपनी सजायें
चलो बांट लेते हैं अपनी सजायें
न तुम याद आओ न हम याद आयें
न तुम याद आओ न हम याद आयें
चलो बांट लेते हैं अपनी सजायें

सभी ने लगाया है चेहरे पे चेहरा
सभी ने लगाया है
सभी ने लगाया है
सभी ने लगाया है चेहरे पे चेहरा
किसे याद रखें किसे भूल जायें
किसे याद रखें किसे भूल जायें
न तुम याद आओ न हम याद आयें
चलो बांट लेते हैं अपनी सजायें

उन्हें क्या खबर आने वाला न आया
उन्हें क्या खबर आने वाला न आया
उन्हें क्या खबर,
उन्हें क्या खबर आने वाला न आया
तड़पती रही रात भर ये फिजायें
तड़पती रहीं रात भर ये फिजायें
न तुम याद आओ न हम याद आयें
चलो बांट लेते हैं अपनी सजायें
न तुम याद आओ न हम याद आयें
चलो बांट लेते हैं अपनी सजायें

प्यार ही प्यार हैं हम

हमको दुश्मन की निगाहों से न देखा कीजिए
हमको दुश्मन की निगाहों से न देखा कीजिए
प्यार ही प्यार हैं हम, हम पे भरोसा कीजिए
प्यार ही प्यार हैं हम, हम पे भरोसा कीजिए
हमको दुश्मन की...

चन्द यादों के सिवा हाथ न कुछ आएगा
चन्द यादों के सिवा हाथ न कुछ आएगा
इस तरह उम्र-गुरेजां का न पीछा कीजिये
इस तरह उम्र-गुरेजां का न पीछा कीजिये
चन्द यादों के सिवा हाथ न कुछ आएगा
इस तरह उम्र-गुरेजां का न पीछा कीजिये
हमको दुश्मन...

रोशनी औरों के आंगन में गंवारा न सही
रोशनी औरों के आंगन में गंवारा न सही
कम से कम अपने ही घर उजाला कीजिये
रोशनी औरों के आंगन में गंवारा न सही
कम से कम अपने ही घर में उजाला कीजिये
प्यार ही प्यार है हम, हम पे भरोसा कीजिये
हमको दुश्मन...

क्या खबर कब वो चले आयेंगे मिलने के लिये
क्या खबर कब वो चले आयेंगे मिलने के लिये
रोज पलकों पे नई शम्मां जलाये रखिये

रोज पलकों पे नई शम्मां जलाये रखिये
क्या खबर कब वो चले आयेंगे मिलने के लिये
रोज पलकों पे नई शम्मां जलाये रखिये
प्यार ही प्यार हैं हम, हम पे भरोसा कीजिये
हमको दुश्मन की निगाहों से न देखा कीजिए
प्यार ही प्यार हैं हम, हम पे भरोसा कीजिये
हमको दुश्मन...

जो जान और ईमान लेते हैं

बहुत पहले से उन कदमों की आहट जान लेते हैं
बहुत पहले से उन कदमों की आहट जान लेते हैं
तुझे ऐ जिन्दगी हम दूर से पहचान लेते हैं
बहुत पहले से...

तबियत अपनी घबराती है जब सुनसान रातों में
तबियत अपनी घबराती है जब सुनसान रातों में
हम ऐसे में तेरी यादों की चादर तान लेते हैं
हम ऐसे में तेरी यादों की चादर तान लेते हैं
बहुत पहले से...

मेरी नजरें भी ऐसे कातिलों की जान-इमां हैं
मेरी नजरें भी ऐसे कातिलों की जान इमां है
निगाहें मिलते ही जो जान और ईमान लेते हैं
निगाहें मिलते ही जो जान और ईमान लेते हैं
तुझे ऐ जिन्दगी हम दूर से पहचान लेते हैं
बहुत पहले से...

— 'फिराक़' गोरखपुरी

पसीने-पसीने हुए जा रहे हो

पसीने-पसीने हुए जा रहे हो
पसीने-पसीने हुए जा रहे हो
ये बोलो कहां से चले आ रहे हो
पसीने-पसीने हुए जा रहे हो
ये बोलो कहां से चले आ रहे हो
ये बोलो....

हमें सब्र करने को कह तो रहे हो
हमें सब्र करने को कह तो रहे हो
मगर देख लो,
मगर देख लो खुद ही घबरा रहे हो
ये बोलो कहां से चले आ रहे हो
ये बोलो कहां से चले आ रहे हो
पसीने-पसीने हुए जा रहे हो
ये बोलो....

बुरी किसकी तुमको नजर लग गयी है
बुरी किसकी तुमको नजर लग गयी है
बहारों के मौसम में,
बहारों के मौसम में मुरझा रहे हो
बहारों के मौसम में मुरझा रहे हो
ये बोलों कहां से चले आ रहे हो
पसीने-पसीने हुए जा रहे हो
ये बोलो...

ये आईना है ये सच ही कहेगा
ये आईना है ये सच ही कहेगा
क्यों अपनी हकीकत से कतरा रहे हो
क्यों अपनी हकीकत से कतरा रहे हो
ये बोलों कहां से चले आ रहे हो
ये बोलो कहां से चले आ रहे हो
पसीने-पसीने हुए जा रहे हो
बोलो कहां से चले आ रहे हो

मेरा गीत अमर कर दो

होंठों से छू लो तुम, मेरा गीत अमर कर दो
होंठों से छू लो तुम, मेरा गीत अमर कर दो
बन जाओ मीत मेरे, मेरी प्रीत अमर कर दो
होंठों से छू लो तुम, मेरा गीत अमर कर दो

न उम्र की सीमा हो, न जन्मों का हो बन्धन
न उम्र की सीमा हो, न जन्मों का हो बन्धन
जब प्यार करे कोई तो देखे केवल मन

नई रीति चलाकर तुम ये रीति अमर कर दो
नई रीति चलाकर तुम ये रीति अमर कर दो
होंठों से छू लो तुम, मेरा गीत अमर कर दो

आकाश का सूनापन मेरे तन्हा मन में
आकाश का सूनापन मेरे तन्हा मन में
पायल छनकाती तुम आ जाओ जीवन में
सांसें देकर अपनी, संगीत अमर कर दो
होंठों से छू लो तुम, मेरा गीत अमर कर दो

जग ने छीना मुझसे, मुझे जो भी लगा प्यारा
जग ने छीना मुझसे, मुझे जो भी लगा प्यारा
सब जीत गये मुझसे, मैं हर दम ही हारा
तुम हार के दिल अपना, मेरी जीत अमर कर दो
तुम हार के दिल अपना, मेरी जीत अमर कर दो
होंठों से छू लो तुम, मेरा गीत अमर कर दो
बन जाओ मीत मेरे, मेरी प्रीत अमर कर दो

—इंदीवर

ये दौलत भी ले लो

ये दौलत भी ले लो ये शोहरत भी ले लो
ये दौलत भी ले लो ये शोहरत भी ले लो
भले छीन लो मुझसे मेरी जवानी
मगर मुझको लौटा दो वो बचपन का सावन
वो कागज की कश्ती वो बारिश का पानी
वो कागज की कश्ती....
मुहल्ले की सब से निशानी पुरानी
मुहल्ले की सब से निशानी पुरानी
वो बुढ़िया जिसे बच्चे कहते थे नानी
वो नानी की बातों में परियों का डेरा
वो चेहरे की झुर्री में परियों का डेरा
भुलाए नहीं भूल सकता है कोई
भुलाए नहीं भूल सकता है कोई
वो छोटी सी रातें वो लम्बी कहानी
वो कागज की कश्ती वो बारिश का पानी

कड़ी धूप में अपने घर से निकलना
कड़ी धूप में अपने घर से निकलना
वो चिड़िया के बुलबुल वो तितली पकड़ना
वो गुड़िया की शादी पे लड़ना-झगड़ना
वो झूलों से गिरना वो गिरकर संभलना
वो पीपल की छइयों के प्यारे से झौंके
वो टूटी हुई चूड़ियों की निशानी

वो टूटी हुई चूड़ियों की निशानी
वो कागज की कश्ती वो बारिश का पानी
कभी रेत के ऊंचे टीले बनाना
कभी रेत के ऊंचे टीले बनाना
घरौंदे बनाना बनाकर मिटाना
वो मासूम चाहत की तस्वीर अपनी
वो ख्वाबों-खिलौनों की जागीर अपनी
न दुनिया का गम था न रिश्तों का बन्धन
बड़ी खूबसूरत थी वो जिंदगानी
वो कागज की कश्ती वो बारिश का पानी
भले छीन लो मुझसे मेरी जवानी
मगर मुझको लौटा दो बचपन का सावन
वो कागज की कश्ती वो बारिश का पानी

खुदा हमको ऐसी खुदाई न दे

खुदा हमको ऐसी खुदाई न दे
खुदा हमको ऐसी खुदाई न दे
कि अपने सिवा कुछ दिखाई न दे
खुदा हमको ऐसी खुदाई न दे
कि अपने सिवा कुछ दिखाई न दे
खुदा हमको ऐसी...

खतावार समझेगी दुनिया तुझे
अब इतनी भी ज्यादा सफाई न दे
खुदा हमको ऐसी खुदाई न दे
कि अपने सिवा कुछ दिखाई न दे
खुदा हमको ऐसी खुदाई न दे

हंसो आज इतना कि इस शोर में
हंसो आज इतना कि इस शोर में
सदा दिल की अभी सुनाई न दे
खुदा हमको ऐसी खुदाई न दे

अभी तो बदन में लहू है बहुत
अभी तो बदन में लहू है बहुत
कलम-छीन ले रौशनाई न दे

कलम-छीन ले रौशनाई न दे
कि अपने सिवा कुछ दिखाई न दे
खुदा हमको ऐसी खुदाई न दे

खुदा ऐसे एहसास का नाम है
खुदा ऐसे एहसास का नाम है
रहे सामने और दिखाई न दे
खुदा हमको ऐसी खुदाई न दे
कि अपने सिवा कुछ दिखाई न दे
खुदा हमको ऐसी खुदाई न दे

- बशीर 'बद्र'

अपने हाथों की लकीरों में

अपने हाथों की लकीरों में बसा ले मुझको
अपने हाथों की लकीरों में बसा ले मुझको
मैं हूं तेरा तू नसीब अपना बना ले मुझको
मैं हूं तेरा तू नसीब अपना बना ले मुझको

मुझसे तू पूछने आया है वफा के मायने
मुझसे तू पूछने आया है वफा के मायने
ये तेरी सादा दिली मार डाले मुझको
मैं हूं तेरा तू नसीब अपना बना ले मुझको
अपने हाथों की लकीरों में बसा ले मुझको
मैं हूं तेरा नसीब...

खुद को मैं बांट न डालूं कहीं दामन-दामन
खुद को मैं बांट न डालूं कहीं दामन-दामन
कर दिया तूने अगर मेरे हवाले मुझको
मैं हूं तेरा तू नसीब अपना बना ले मुझको
अपने हाथों की लकीरों में बसा ले मुझको
मैं हूं तेरा नसीब...

वादा फिर वादा है मैं जहर भी पी जाऊं 'कतील'
वादा फिर वादा है मैं जहर भी पी जाऊं 'कतील'
शर्त ये है कोई बांहों में सम्भाले मुझको
मैं हूं तेरा तू नसीब अपना बना ले मुझको
अपने हाथों की लकीरों में बसा ले मुझको
मैं हूं तेरा नसीब...

— 'क़तील' शिफ़ाई

उस मोड़ से शुरू करें

उस मोड़ से शुरू करें फिर ये जिन्दगी
उस मोड़ से शुरू करें फिर ये जिन्दगी
हर शै जहां हसीन थी हम तुम थे अजनबी
उस मोड़ से शुरू करें फिर ये जिन्दगी
उस मोड़ से...

लेकर चले थे हम जिन्हें जन्नत के ख्वाब थे
लेकर चले थे हम जिन्हें जन्नत के ख्वाब थे
फूलों के ख्वाब थे वो मुहब्बत के ख्वाब थे
फूलों के ख्वाब थे वो मुहब्बत के ख्वाब थे
लेकिन कहां है इनमें वो पहले सी दिलकशी
उस मोड़ से शुरू करें फिर ये जिन्दगी
उस मोड़ से...

रहते थे हम हसीन ख्यालों की भीड़ में
रहते थे हम हसीन ख्यालों की भीड़ में
उलझे हुए हैं आज सवालों की भीड़ में
आने लगी है याद वो फुर्सत की जिन्दगी
उस मोड़ से शुरु करें फिर ये जिन्दगी
हर शै जहां हसीन थी हम तुम थे अजनबी
उस मोड़ से शुरू करें फिर ये जिन्दगी

शायद ये वक्त हमसे कोई चाल चल गया
शायद ये वक्त हमसे कोई चाल चल गया
रिश्ता वफा का और भी रंगों में ढल गया
अश्कों की चांदनी से भी बेहतर वो धूप ही
उस मोड़ से शुरू करें फिर ये जिन्दगी
हर शै जहां हसीन थी हम तुम थे अजनबी
उस मोड़ से शुरू करें फिर ये जिन्दगी

कातिल को आज अपने ही घर

शायद मैं जिन्दगी की सहर ले के आ गया
शायद मैं जिन्दगी की सहर ले के आ गया
शायद मैं जिन्दगी की सहर ले के आ गया
कातिल को आज अपने ही घर ले के आ गया
कातिल को आज अपने ही घर ले के आ गया
शायद मैं जिन्दगी की सहर...

ताउम्र ढूंढता रहा मन्जिल मैं इश्क की
ताउम्र ढूंढता रहा मन्जिल मैं इश्क की
अन्जाम ये के गर्दे सफर लेके आ गया
अन्जाम ये के गर्दे सफर लेके आ गया
कातिल को आज अपने ही घर ले के आ गया
कातिल को आज अपने ही घर ले के आ गया
शायद मैं जिन्दगी की सहर...

नश्तर है मेरे हाथ में कन्धों पे मयकदा
नश्तर है मेरे हाथ में कन्धों पे मयकदा
लो मैं इलाजे दर्दे-जिगर लेके आ गया
कातिल को आज अपने ही घर ले के आ गया
कातिल को आज अपने ही घर ले के आ गया
शायद मैं जिन्दगी की सहर...

'फ़ाख़िर' सनमकदे में न आता मैं लौटकर
'फ़ाख़िर' सनमकदे में न आता मैं लौटकर

इक जख्म भर गया था इधर लेके आ गया
कातिल को आज अपने ही घर ले के आ गया
कातिल को आज अपने ही घर ले के आ गया
शायद मैं जिन्दगी की सहर लेके आ गया
शायद मैं जिन्दगी की सहर लेके आ गया

- **सुदर्शन 'फ़ाख़िर'**

जिन्दगी तुझको जिया है

जिन्दगी तुझको जिया है
कोई अफसोस नहीं
जहर खुद मैंने पिया है
कोई अफसोस नहीं

मैंने मुजरिम को भी मुजरिम
न कहा दुनिया में
बस यही जुर्म किया
कोई अफसोस नहीं
बस यही जुर्म किया है
कोई अफसोस नहीं
जहर खुद मैंने पिया है
कोई अफसोस नहीं
जिन्दगी तुझको जिया है
कोई अफसोस नहीं

मेरी किस्मत में जो लिखे थे
उन्हीं कांटों से
दिल के जख्मों को सिया है
कोई अफसोस नहीं
जहर खुद मैंने पिया है
कोई अफसोस नहीं

कभी ये शाम को शीशों की हो बारिश साकी
कभी ये शाम को शीशों की हो बारिश साकी
अब कफन ओढ़ लिया है कोई अफसोस नहीं
जिन्दगी तुझको जिया है कोई अफसोस नहीं

आप अपना जवाब लगती हो

हासिले इन्तिखाब लगती हो
आप अपना जवाब लगती हो
आए गुलशन में तुम खुदा की कसम
इक महकता हुआ गुलाब लगती हो
मुस्कुरा के आपने फूलों से दामन भर दिया शुक्रिया
शुक्रिया ऐ बन्दा परवर
इस करम का शुक्रिया
हम तो समझे कि पत्थर का
जिगर रखते हैं आप
क्या खबर थी कि मोहब्बत की
नजर रखते हैं आप
आपकी नजरों ने बन्दे को
किसी का दिल दिया
शुक्रिया ऐ बन्दा परवर
इस करम का शुक्रिया
हम तो समझे थे कि नागिन
जुल्फ है डस जायेगी
क्या खबर थी कि ये
सावन की घटा बन जाएगी
इस तरह हम आपका हों
जान-ए-तमन्ना शुक्रिया
शुक्रिया ऐ बन्दा परवर
इस करम का शुक्रिया

हम तो समझे थे कि कातिल
हैं निगाहें आप की
क्या खबर थी जान ले
लेंगी अदायें आप की
इस नवाजिश का इनाम
इस करम का शुक्रिया
शुक्रिया ऐ बन्दा परवर
इस करम का शुक्रिया

परेशां रात सारी है

परेशां रात सारी है
सितारों तुम तो सो जाओ
परेशां रात सारी है
सितारों तुम तो सो जाओ
सुकूत-ए-मर्ग तारी है
सितारों तुम तो सो जाओ

तुम्हें क्या आज भी कोई
अगर मिलने नहीं आया
तुम्हें क्या आज भी कोई
अगर मिलने नहीं आया
ये बाजी हमने हारी है
ये बाजी हमने हारी है
सितारों तुम तो सो जाओ
परेशां रात सारी है
सितारों तुम तो सो जाओ

कहे जाती हैं रो-रोकर
हमारा हाले-दिल आंखें
कहे जाती हैं रो-रोकर
हमारा हाले दिल आंखें
मुझे भी रात भारी है
मुझे भी रात भारी है
सितारों तुम तो सो जाओ
परेशां रात सारी है
सितारों तुम तो सो जाओ
सुकूत-ए-मर्ग तारी है
सितारों तुम तो सो जाओ

— 'कतील' शिफाई

हंस के बोला करो

हंस के बोला करो बुलाया करो
हंस के बोला करो बुलाया करो
आपका घर है आया करो जाया करो
आपका घर है,
आपका घर है आया करो जाया करो
हंस के बोला करो बुलाया करो

मुस्कराहट है हुस्न का जेवर
हुस्न का जेवर,
मुस्कराहट है हुस्न का जेवर
मुस्कराना न भूल जाया करो
मुस्कराना न भूल जाया करो
हंस के बोला करो बुलाया करो
आपका घर है आया करो जाया करो
हंस के बोला करो बुलाया करो

हद से बढ़कर हसीन लगते हो
हद से बढ़कर हसीन लगते हो
हसीन लगते हो,
हद से बढ़कर हसीन लगते हो
झूठी कसमें जरूर खाया करो
झूठी कसमें जरूर खाया करो
आपका घर है आया करो जाया करो
हंस के बोला करो बुलाया करो

अंगड़ाई पर अंगड़ाई लेती है

अंगड़ाई पर अंगड़ाई लेती है रात जुदाई की
अंगड़ाई पर अंगड़ाई लेती है रात जुदाई की
तुम क्या समझो तुम क्या जानो बात मेरी तन्हाई की
अंगड़ाई पर अंगड़ाई लेती है...

कौन सियाही घोल रहा था बहते-बहते दरिया में
कौन सियाही घोल रहा था बहते-बहते दरिया में
मैंने आंखें झुकी देखी हैं आज किसी हरजाई की
मैंने आंखें झुकी देखी हैं आज किसी हरजाई की
तुम क्या समझो तुम क्या जानो...

कत्ल की रात न जाने क्यों इसरार उनको जाने पर
कत्ल की रात न जाने क्यों इसरार उनको जाने पर
वक्त से पहले डूब गए तारों ने बड़े दानाई की
वक्त से पहले डूब गए तारों ने बड़े दानाई की
तुम क्या समझो तुम क्या जानो...

उड़ते-उड़ते आस का पंछी दूर उफक में डूब गया
उड़ते-उड़ते आस का पांछी दूर उफक में डूब गया
रोते-रोते बैठ गई आवाज किसी सैदाई की
रोते-रोते बैठ गई आवाज किसी सैदाई की
तुम क्या समझो तुम क्या जानो...

- कतील शिफ़ाई

इक नज़र देख के हम जान गए

इक नज़र देखके हम जान गए
इक नज़र देखके हम जान गए
आप क्या चीज हैं पहचान गए
इक नज़र देखके हम जान गए
आप क्या चीज हैं पहचान गए
इक नजर...

फिर भी जिंदा हूं अजब बात ये है
अजब बात ये है...
फिर भी जिंदा हूं अजब बात ये है
कब से वो लेके मेरी जान गए
कब से वो लेके मेरी जान गए
आप क्या चीज हैं पहचान गए
इक नजर...

तुम जो आए थे मेरी महफिल में
तुम जो आए थे मेरी महफिल में
दिल गए हाथ से ईमान गए
तुम जो आये थे मेरी महफिल में
दिल गए हाथ से ईमान गए
आप क्या चीज हैं पहचान गए
इक नजर...

जिस राह पर फरिश्ते न पहुंचें
जिस राह पर फरिश्ते न पहुंचें
उस जगह आज से इन्सान गये
उस जगह आज से इन्सान गये
आप क्या चीज हैं पहचान गये
इक नजर...

तुमने सूली पर लटकते जिसे देखा होगा

तुमने सूली पे लटकते जिसे देखा होगा
तुमने सूली पे लटकते जिसे देखा होगा
वक्त आएगा वही शख्स मसीहा होगा
वक्त आएगा वही शख्स मसीहा होगा
तुमने सूली पे...

ख्वाब देखा या कि सहरा में बसेरा होगा
ख्वाब देखा या कि सहरा मे बसेरा होगा
क्या खबर थी कि यही ख्वाब तो साया होगा
क्या खबर थी कि यही ख्वाब तो साया होगा
वक्त आएगा वही शख्स मसीहा होगा
तुमने सूली पे...

मैं फिजाओं में बिखर जाऊंगा खुशबू बनकर
मैं फिजाओं में बिखर जाऊंगा खुशबू बनकर
रंग होगा न बदन होगा न चेहरा होगा
वक्त आएगा वही शख्स मसीहा होगा
तुमने सूली पे लटकते जिसे देखा होगा
वक्त आएगा वही शख्स मसीहा होगा
तुमने सूली पे...

अब किसी आंख का काजल

कोई गेसू कोई आंचल हमें आवाज न दे
कोई गेसू कोई आंचल हमें आवाज न दे
अब किसी आंख का काजल हमें आवाज न दे
कोई गेसू कोई आंचल हमें आवाज न दे
अब किसी आंख का काजल हमें आवाज न दे
कोई गेसू...

हम हैं खामोश तो खामोश ही रहने दो मुझे
कोई आहट कोई हलचल हमें आवाज न दे
हमने तन्हाई को महबूब बना रखा है
हमने तन्हाई को महबूब बना रखा है
राख के ढेर में शोलों को दबा रखा है

फिर पुकारा है मुहब्बत ने हमें क्या कहिये
फिर पुकारा है मुहब्बत ने हमें क्या कहिये
दी सदा हुस्न की जन्नत ने हमें क्या कहिये
हमने जज्बात के दामन को बचा रखा है
हमने जज्बात के दामन को बचा रखा है
राख के ढेर में शोलों को दबा रखा है
राख के ढेर में शोलों को दबा रखा है

रास आये न कभी प्यार के हालात हमें
रास आये न कभी प्यार के हालात हमें
क्या करेंगे किधर जायेंगे, कहां जायेंगे

दे गयी अब भी दगा गर ये मुलाकात हमें
दे गयी अब भी दगा गर ये मुलाकात हमें
बस इसी सोच ने दीवाना बना रखा है
राख के ढेर में शोलों को दबा रखा है
हमने तन्हाई को महबूब बना रखा है
हमने तन्हाई को महबूब बना रखा है
राख के ढेर में शोलों को दबा रखा है
राख के ढेर में शोलों को दबा रखा है

कि तुमसे जुदा हूं मैं

सदमा तो है मुझे भी कि तुमसे जुदा हूं मैं
सदमा तो है मुझे भी कि तुमसे जुदा हूं मैं
लेकिन ये सोचता हूं...
लेकिन ये सोचता हूं कि अब तेरा क्या हूं मैं
सदमा तो है मुझे भी...

बिखरा पड़ा है तेरे ही घर में तेरा वजूद
बिखरा पड़ा है
बिखरा पड़ा है तेरे ही घर में तेरा वजूद
बेकार महफिल में तुझे ढूंढता हूं मैं
लेकिन ये सोचता हूं कि अब तेरा क्या हूं मैं
सदमा तो है मुझे भी...

न जाने किस अदा से लिया तूने मेरा नाम
न जाने किस अदा से लिया तूने मेरा नाम
दुनिया समझ रही है कि सब कुछ तेरा हूं मैं
दुनिया समझ रही है कि सब कुछ तेरा हूं मैं
लेकिन ये सोचता हूं कि अब तेरा क्या हूं मैं
सदमा तो है मुझे भी...

ले मेरे तजुर्बों से सबक ऐ मेरे रकीब
ले मेरे तजुर्बों से सबक ऐ मेरे रकीब
दो-चार साल उम्र में,
दो-चार साल उम्र में तुझसे बड़ा हूं मैं
लेकिन ये सोचता हूं कि अब तेरा क्या हूं मैं
सदमा तो है मुझे भी...

– 'कतील' शिफाई

ज़ख़्म जो आपकी इनायत है

ज़ख़्म जो आपकी इनायत है
ज़ख़्म जो आपकी इनायत है
उस निशानी को नाम क्या दें हम
प्यार की दीवार बनके रह ही गया
उस निशानी को नाम क्या दें हम
ज़ख़्म जो आपकी इनायत है
उस निशानी को नाम क्या दें हम

आप इल्जाम कर गए हम पर
एक पहचान कर गए हम पर
आपकी ये भी मेहरबानी है
मेहरबानी को नाम क्या दें हम
उस निशानी को नाम क्या दें हम
जख्म जो आपकी इनायत है
उस निशानी को नाम क्या दें हम

आपको यूं ही जिन्दगी समझा
धूप को हमने चांदनी समझा
फूल ही फूल जिसकी आदत है
फूल ही फूल जिसकी आदत है
उस जवानी को नाम क्या दें हम
उस निशानी को नाम क्या दें हम
ज़ख़्म जो आपकी इनायत है

रात सपना बहार का देखा
दिन हुआ तो गुबार का देखा
बेवफा जा तू बेजुबां निकला
बेजुबानी का नाम क्या दें हम
उस निशानी को नाम क्या दें हम
ज़ख़्म जो आपकी इनायत है
उस निशानी को नाम क्या दें हम

और ज़ख़्म आये मुझे

ये मोजिजा भी मुहब्बत कभी दिखलाये मुझे
ये मोजिजा भी मुहब्बत कभी दिखलाये मुझे
कि संग तुझ पे गिरे और जख्म आये मुझे
ये मोजिजा भी...
वो मेहरबां है तो इकरार क्यों नहीं करता
वो बद्‌गुमां है तो सौ बार आजमाए मुझे
वो बद्‌गुमां है तो सौ बार आजमाए मुझे
कि संग तुझ पे गिरे और जख़्म आये मुझे
ये मोजिजा भी...
वो मेरा दोस्त है सारे जहां को है मालूम
दगा करे वो किसी, से तो शर्म आये मुझे
दगा करे वो किसी, से तो शर्म आये मुझे
कि संग तुझ पे गिरे और जख़्म आये मुझे
ये मोजिजा भी...
मैं अपनी जात में नीलाम हो रहा हूं 'कतील'
गम-ए-हयात से कह दो खरीद लाये मुझे
गम-ए-हयात से कह दो खरीद लाये मुझे
कि संग तुझ पे गिरे और जख़्म आये मुझे
ये मोजिजा भी...

– **'कतील' शिफ़ाई**

वो अफसाने कहां जाते

तुम्हारी अंजुमन से उठके दीवाने कहां जाते
तुम्हारी अंजुमन से उठके दीवाने कहां जाते
जो वाबस्ता हुए तुमसे
जो वाबस्ता हुए तुमसे वो अफसाने कहां जाते
जो वाबस्ता हुए तुमसे वो अफसाने कहां जाते
तुम्हारी अंजुमन से उठके दीवाने कहां जाते

तुम्हारी बेरुखी ने लाज रख ली बादाखाने की
तुम्हारी बेरुखी ने,
तुम्हारी बेरुखी ने लाज रख ली बादाखाने की
तुम आंखों से पिला देते तो पैमाने कहां जाते
तुम आंखों से पिला देते तो पैमाने कहां जाते
जो वाबस्ता हुए तुमसे वो अफसाने कहां जाते
तुम्हारी अंजुमन से उठके दीवाने कहां जाते

चलो अच्छा हुआ काम आ गयी दीवानगी अपनी
चलो अच्छा हुआ,
चो अच्छा हुआ काम आ गयी दीवानगी अपनी
वगरना हम जमाने को समझाने कहां जाते
वगरना हम जमाने को समझाने कहां जाते
जो वाबस्ता हुए तुमसे वो अफसाने कहां जाते
तुम्हारी अंजुमन से उठके दीवाने कहां जाते

- 'शकील' बदायूंनी

हम तो हैं परदेस में

हम तो हैं परदेश में
हम तो हैं परदेश में
देस में निकला होगा चांद
अपनी रात की छत पे
कितना तन्हा होगा चांद
हम तो हैं परदेस में
देस में निकला होगा चांद
हम तो हैं...

चांद बिना हर दिन यूं
बीता जैसे युग बीत गए
मेरे बिना किस हाल में
मेरे बिना किस हाल में
होगा कैसा होगा चांद
अपनी रात की छत पे
कितना तन्हा होगा चांद
हम तो हैं परदेस में
देस में निकला होगा चांद
हम तो हैं...

रात ने ऐसा पेंच लगाया
रात ने ऐसा पेंच लगाया
टूटी हाथ से डोर
आंगन वाले नीम में

आंगन वाले नीम में
जाकर अटका होगा चांद
अपनी रात की छत पे
कितना तन्हा होगा चांद
हम तो हैं परदेस में
देस में निकला होगा चांद
हम तो हैं...

अब खुशी है न कोई दर्द

अब खुशी है न कोई दर्द रुलाने वाला
अब खुशी है न कोई दर्द रुलाने वाला
अब खुशी है न कोई दर्द रुलाने वाला
हमने अपना लिया हर रंग जमाने वाला
अब खुशी है न कोई दर्द रुलाने वाला
अब खुशी है न...
उसको रुख्सत तो किया था मुझे मालूम न था
उसको रुख्सत तो किया था,
उसको रुख्सत तो किया था मुझे मालूम न था
सारा घर ले गया,
सारा घर ले गया घर छोड़ के जाने वाला
सारा घर ले गया घर छोड़ के जाने वाला
हमने अपना लिया हर रंग जमाने वाला
अब खुशी है न...
इक मुसाफिर के सफर जैसी है सारी दुनिया
इक मुसाफिर के सफर जैसी है सारी दुनिया
इक मुसाफिर के सफर जैसी है सारी दुनिया
कोई जल्दी में,
कोई जल्दी में कोई देर से जाने वाला
कोई जल्दी में कोई देर से जाने वाला
हमने अपना लिया हर रंग जमाने वाला
अब खुशी है न कोई दर्द रुलाने वाला
अब खुशी है न...

एक बेचेहरा यही है चेहरा-चेहरा
एक बेचेहरा यही है चेहरा-चेहरा
जिस तरफ देखिये
जिस तरफ देखिये, आने को है आने वाला
जिस तरफ देखिये, आने को है आने वाला
हमने अपना लिया हर रंग जमाने वाला
अब खुशी है न कोई दर्द रुलाने वाला
अब खुशी है न...

— 'निदा' फ़ाज़िली

जाहिदों को दिखा-दिखा के पियो

जख्मे-सीने की कसम खा लूंगा
साथ जीने की कसम खा लूंगा
आज जी भर के पिला दे साकी
कल से न पीने की कसम खा लूंगा

आपके वास्ते गुनाह सही
आपके वास्ते,
आपके वास्ते गुनाह सही
हम पीते हैं तो शवाब बनती है
सौ गमों को निचोड़ने के बाद
एक कतरा शराब बनती है
इत्तेफाकन शराब पीता हूं
इत्तेफाकन शराब पीता हूं
एहतियातन शराब पीता हूं
इत्तेफाकन शराब पीता हूं
एहतियातन शराब पीता हूं
जब खुशी मुझसे रूठ जाती है
मैं तंतकामन शराब पीता हूं

जाम से जाम को टकरा के पियो
जाम से जाम से टकरा के पियो
हमसे अपनी नजर मिला के पियो
देखने में शराब पानी है

इसमें पोशीदा जिंदगानी है
जाहिदों को दिखा-दिखा के पियो
और उनके करीब लाके पियो
जिंदगी का सुरुर पाओगे
पी के सारे गम भूल जाओगे
जिंदगी का सुरूर पाओगे
पी के सारे गम भूल जाओगे

क्या ग़म है जिसे छुपा रहे हो

तुम इतना जो मुस्करा रहे हो
तुम इतना जो मुस्करा रहे हो
क्या गम है जिसे छुपा रहे हो
तुम इतना जो मुस्करा रहे हो

आंखों में गमीं हंसी लबों पर
आंखों में गमीं हंसी लबों पर
क्या हाल है क्या दिखा रहे हो
क्या गम है जिसे छुपा रहे हो
तुम इतना जो मुस्करा रहे हो

बन जायेंगे जहर पीते-पीते
बन जायेंगे जहर पीते-पीते
ये अश्क जो पीते जा रहे हो
क्या गम है जिसे छुपा रहे हो
तुम इतना जो मुस्कुरा रहे हो

जिन जख्मों को वक्त भर चला है
जिन जख्मों को वक्त भर चला है
तुम उन्हें क्यों छेड़े जा रहे हो
क्या गम है जिसे छुपा रहे हो
तुम इतना जो मुस्कुरा रहे हो

रेखाओं का खेल है मुकद्दर
रेखाओं का खेल है मुकद्दर
रेखाओं से मात खा रहे हो
क्या गम है जिसे छुपा रहे हो
तुम इतना जो मुस्कुरा रहे हो

आज तुमसे बिछड़ रहा हूं

आज तुमसे बिछड़ रहा हूं मैं
आज तुमसे बिछड़ रहा हूं मैं
आज के बाद फिर मिलूंगा तुम्हें
तुम मेरा इन्तजार करती रहो
तुम मेरा इन्तजार करती रहो
आज का एतबार करती रहो
आज तुमसे बिछड़ रहा हूं मैं
लोग कहते हैं वक्त चलता है
लोग कहते हैं वक्त चलता है
और इन्सान भी बदलता है
काश रुक जाये वक्त आज की रात
काश रुक जाये वक्त आज की रात
और बदले न कोई आज के बाद

वक्त बदले ये दिल न बदलेगा
वक्त बदले ये दिल न बदलेगा
तुमसे रिश्ता कभी न टूटैगा
तुम ही खुशी हो मेरी सांसों की
तुम ही खुशी हो मेरी सांसों की
तुम ही मंजिल हो मेरे सपनों की
आज तुमसे बिछड़ रहा हूं मैं

लोग बुनते हैं प्यार के सपने
लोग बुनते हैं प्यार के सपने
और सपने बिखर भी जाते हैं
एक एहसास ही तो है ये वफा
एक एहसास ही तो है ये वफा
एक एहसास ही तो है ये वफा
और एहसास भी मर जाते हैं
आज तुमसे बिछड़ रहा हूं मैं
आज के बाद फिर मिलूंगा तुम्हें
तुम मेरा इन्तजार करती रहो
आज का एतबार करती रहो,
आज तुमसे बिछड़ रहा हूं मैं

शब भर रहा चर्चा तेरा

कल चौदहवीं की रात थी
शब भर रहा चर्चा तेरा
कुछ ने कहा ये चांद है
कुछ ने कहा चेहरा तेरा
कल चौदहवीं की रात थी

हम भी वहीं मौजूद थे
हम से भी सब पूछा किये
हम हंस दिए हम चुप रहे
मंजूर था पर्दा तेरा
कल चौदहवीं की रात थी
शब भर रहा चर्चा तेरा
इस शहर में किससे मिलें
हमसे तो छूटी महफिलें
हर शख्स तेरा नाम ले
हर शख्स दीवाना तेरा
कल चौदहवीं की रात थी
शब भर रहा चर्चा तेरा

कूचे को तेरे छोड़कर
जोगी ही बन जायें मगर
जंगल तेरे पर्वत तेरे
जंगल तेरे पर्वत तेरे
बस्ती तेरी सहरा तेरा
कल चौदहवीं की रात थी
शब भर रहा चर्चा तेरा
बेदर्द सुननी हो तो चल
कहता है क्या अच्छी गज़ल
आशिक तेरा रुसवा तेरा
शायर तेरा 'इन्शा' तेरा
कल चौदहवीं की रात थी
शब भर रहा चर्चा तेरा

- 'इब्ने' इंशा

हम तो अपनी जिन्दगी से मिले

हम तो यूं अपनी जिन्दगी से मिले
हम तो यूं अपनी जिन्दगी से मिले
अजनबी जैसे अजनबी से मिले
हम तो यूं अपनी जिन्दगी से मिले
अजनबी जैसे अजनबी से मिले
हम तो यूं...

हर वफ़ा एक जुर्म हो गया
हर वफा एक जुर्म हो गया
दोस्त कुछ ऐसी बेरुखी से मिले
अजनबी जैसे अजनबी से मिले
हम तो यूं...

फूल ही फूल हमने मांगे थे
फूल ही फूल हमने मांगे थे
दाग ही दाग जिन्दगी से मिले
अजनबी जैसे अजनबी से मिले
हम तो यूं...

जिस तरह आप हमसे मिलते हैं
जिस तरह आप हमसे मिलते हैं
आदमी यूं न आदमी से मिले
अजनबी जैसे अजनबी से मिले
हम तो यूं अपनी जिन्दगी से मिले
हम तो यूं...

न शिकायत न गिला है

इसमें कोई शिकवा न शिकायत न गिला है
इसमें कोई शिकवा न शिकायत न गिला है
ये भी कोई खत है,
ये भी कोई खत है, कि मुहब्बत से भरा है
इसमें कोई शिकवा न शिकायत न गिला है
ये भी कोई खत है, कि मुहब्बत से भरा है
इसमें कोई शिकवा न...

क्या याद दिलायेंगे मुझे मेरे सितमगर
क्या याद दिलायेंगे
क्या याद दिलायेंगे मुझे मेरे सितमगर
हर नक्शे सितम खुद मेरे सीने पे लिखा है
ये भी कोई खत है, कि मुहब्बत से भरा है
इसमें कोई शिकवा न...

मुझको मेरी आवाज सुनाई नहीं देती
मुझको मेरी आवाज सुनाई नहीं देती
मुझको मेरी आवाज,
मुझको मेरी आवाज सुनाई नहीं देती
कैसा ये,
कैसा ये मेरे जिस्म में इक शोर मचा है
कैसा ये मेरे जिस्म में इक शोर मचा है
ये भी कोई खत है कि मुहब्बत से भरा है
इसमें कोई शिकवा न...

चेहरे में है आईना कि आईने में चेहरा
चेहरे में है आईना...,
चेहरे में है आईना कि आईने में चेहरा
चेहरे में है आईना,
मालूम नहीं कौन किसे देख रहा है
ये भी कोई खत है कि मुहब्बत से भरा है
ये भी कोई खत है कि मुहब्बत से भरा है
इसमें कोई शिकवा न...

मैं गया वक्त नहीं हूं

मेहरबां होके बुलाओ मुझे चाहे जिस वक्त
मेहरबां होके बुलाओ मुझे चाहे जिस वक्त
मैं गया वक्त नहीं कि फिर आ भी न सकूं
मेहरबां होके..

जोफ में ताना अग्यार का शिकवा क्या है?
जोफ में ताना अग्यार का शिकवा क्या है?
बात कुछ सर तो नहीं है कि उठा भी न सकूं
बात कुछ सर तो नहीं है कि उठा भी न सकूं
मेहरबां होके..

जहर मिलता ही नहीं मुझको सितमगर वरना
जहर मिलता ही नहीं मुझको सितमगर वरना
क्या कसम है तेरे मिलने की कि खा भी न सकूं
क्या कसम है तेरे मिलने की कि खा भी न सकूं
मेहरबां होके बुलाओ मुझे चाहे जिस वक्त
मैं गया वक्त नहीं कि फिर आ भी न सकूं
मेहरबां होके..

— 'मिर्जा ग़ालिब'

उसकी हसरत है

उसकी हसरत है जिसे दिल से भुला भी न सकूं
उसकी हसरत है जिसे दिल से भुला भी न सकूं
ढूंढने उसको चला हूं जिसे पा भी न सकूं
उसकी हसरत है...

नक्शे पा देख तो लूं लाख करूंगा सिजदे
नक्शे पा देख तो लूं लाख करूंगा सिजदे
सर मेरा अर्श नहीं है झुका भी न सकूं
सर मेरा अर्श नहीं है झुका भी न सकूं
उसकी हसरत...

बेवफा लिखते हैं वो अपनी कलम से मुझको
बेवफा लिखते हैं वो अपनी कलम से मुझको
ये वो किस्मत का लिखा है जो मिटा भी न सकूं
ये वो किस्मत का लिखा है जो मिटा भी न सकूं
उसकी हसरत है..

इस तरह सोये हैं सर रख के मेरे जानूं पर
इस तरह सोये हैं सर रख के मेरे जानूं पर
अपनी सोई हुई किस्मत को जगा भी न सकूं
अपनी सोई हुई किस्मत को जगा भी न सकूं
उसकी हसरत है जिसे दिल से भुला भी न सकूं
ढूंढने उसको चला हूं जिसे पा भी न सकूं
उसकी हसरत है...

— 'अमीर' मीनाई

तारीफ उस खुदा की

तारीफ उस खुदा की जिसने जहां बनाया
तारीफ उस खुदा की जिसने जहां बनाया
कैसी जमीं बनाई क्या आसमां बनाया
तारीफ उस खुदा की जिसने जहां बनाया

मिट्टी से बेल बूटे क्या खुशनुमा उगाए
मिट्टी से बेल बूटे क्या खुशनुमा उगाए
फैला के सब्ज खिलअत उनको जवां बनाया
तारीफ उस खुदा की जिसने जहां बनाया
तारीफ उस खुदा की...

सूरज से हमने पाई गरमी भी रोशनी भी
सूरज से हमने पाई गरमी भी रोशनी भी
क्या खूब चश्मा तूने ऐ मेहरबां बनाया
तारीफ उस खुदा की जिसने जहां बनाया
तारीफ उस खुदा की...

हर चीज से है उसकी कारीगरी टपकती
हर चीज से है उसकी कारीगरी टपकती
ये कारखाना तूने कब रायगां बनाया
तारीफ उस खुदा की...
कैसी जमीं बनाई क्या आसमां बनाया
तारीफ उस खुदा की जिसने जहां बनाया

मंजिल न दे चराग न दे

मंजिल न दे चराग न दे हौसला तो दे
मंजिल न दे चराग न दे हौसला तो दे
दिल में कमी सही तू मगर आसरा तो दे
मंजिल न दे चराग न दे हौसला तो दे

मैंने ये कब कहा कि मेरे हक में हो जबां
मैंने ये कब कहा कि मेरे हक में हो जबां
लेकिन खामोश क्यों है तू,
लेकिन खामोश क्यों है तू कोई फैसला तो दे
मंजिल न दे चराग न दे हौसला तो दे

बरसों मैं तेरे नाम पे खाता रहा फरेब
बरसों मैं तेरे नाम पे खाता रहा फरेब
बरसों मैं तेरे नाम पे खाता रहा फरेब
बरसों मैं तेरे नाम पे खाता रहा फरेब
मेरे खुदा कहां है तू
मेरे खुदा कहां है तू अपना पता तो दे
मन्जिल न दे चराग न दे हौसला तो दे

बेशक मेरे नसीब पे रख अपना अख्तियार
बेशक मेरे नसीब पे रख अपना अख्तियार
बेशक मेरे नसीब पे रख अपना अख्तियार
लेकिन मेरे नसीब में,
लेकिन मेरे नसीब में क्या है पता तो दे
मंजिल न दे चराग न दे हौसला तो दे
दिल में कमी सही तू मगर आसरा तो दे
मंजिल न दे चराग न दे हौसला तो दे

— 'राना' साहिर

सोचा नहीं अच्छा बुरा

सोचा नहीं अच्छा बुरा देखा सुना कुछ भी नहीं
सोचा नहीं अच्छा बुरा देखा सुना कुछ भी नहीं
मांगा खुदा से रात-दिन मांगा खुदा से रात-दिन
तेरे सिवा कुछ भी नहीं मांगा खुदा से रात-दिन
तेरे सिवा कुछ भी नहीं सोचा अच्छा बुरा
देखा सुना कुछ भी नहीं

देखा तुझे सोचा तुझे चाहा तुझे पूजा तुझे
देखा तुझे सोचा तुझे चाहा तुझे पूजा तुझे
मेरी खता मेरी वफा मेरी खता मेरी वफा
तेरी खता कुछ भी नहीं मांगा खुदा से रात-दिन
तेरे सिवा कुछ भी नहीं सोचा अच्छा बुरा
देखा सुना कुछ भी नहीं

जिस पर हमारी आंख ने मोती बिछाए रात भर
जिस पर हमारी आंख ने मोती बिछाए रात भर
भेजा वही कागज तुझे भेजा वही कागज तुझे
हमने लिखा कुछ भी नहीं मांगा खुदा से रात-दिन
तेरे सिवा कुछ भी नहीं सोचा अच्छा बुरा
देखा सुना कुछ भी नहीं सोचा नहीं अच्छा बुरा
देखा सुना कुछ भी नहीं

इक शाम की दहलीज पर बैठे रहे वो देर तक
इक शाम की दहलीज पर बैठे रहे वो देर तक
आंखों में थीं बातें बहुत मुंह से कहा कुछ भी नहीं
आंखों में थीं बातें बहुत मुंह से कहा कुछ भी नहीं
मांगा खुदा से रात-दिन तेरे सिवा कुछ भी नहीं
सोचा नहीं अच्छा बुरा देखा सुना कुछ भी नहीं

—बशीर 'बद्र'

बाद मुद्दत उन्हें देखकर

बाद मुद्दत उन्हें देखकर यूं लगा
बाद मुद्दत उन्हें देखकर यूं लगा
जैसे बेताब दिल को करार आ गया
आरजुओं के गुल मुस्कुराने लगे
जैसे गुलशन में जाने बहार आ गया
बाद मुद्दत उन्हें देखकर यूं लगा

तश्ना नजरें मिलीं शोख नजरों से जब
मय बरसने लगी,
मय बरसने लगी जाम भरने लगा
साकिया आज तेरी जरूरत नहीं
बिन पिये, बिन पिलाये खुमार हो गया
जैसे बेताब दिल को करार आ गया
बाद मुद्दत उन्हें देखकर यूं लगा

रात सोने लगी, सुबह होने लगी
शमां बुझने लगी, दिल मचलने लगा
वक्त की रोशनी में नहाई हुई
वक्त की रोशनी में नहाई हुई
जिन्दगी पे अजब सा निखार आ गया
जैसे बेताब दिल को करार आ गया
बाद मुद्दत उन्हें देखकर यूं लगा

हर तरफ मस्तियां हर तरफ दिलकशी
मुस्कुराते दिलों में खुशी ही खुशी
कितना चाहा मगर फिर भी उठ न सका
तेरी महफिल में जो एक बार आ गया
जैसे बेताब दिल को करार आ गया
बाद मुद्दत उन्हें देखा तो यूं लगा
जैसे बेताब दिल को करार आ गया

मेरे दरवाजे से अब

मेरे दरवाजे से अब चांद को रुख्सत कर दो
मेरे दरवाजे से अब चांद को रुख्सत कर दो
साथ आया है तुम्हारे जो तुम्हारे घर से
अपने माथे से हटा दो ये चमकता हुआ ताज
साथ आया है, तुम्हारे जो तुम्हारे घर से
अपने माथे से हटा दो ये चमकता हुआ ताज
फेंक दो जिस्मों से किरणों का सुनहरी जेवर
फेंक दो जिस्मों से किरणों का सुनहरी जेवर
तुम ही तन्हा मेरे गमखाने में आ सकती हो
एक मुद्दत से तुम्हारे लिए ही रखा है
एक मुद्दत से तुम्हारे लिए ही रखा है
मेरे जलते हुए सीने का दहकता चांद

जब नहीं आये थे तुम तब भी तो तुम आये थे
जब नहीं आये थे तुम तब भी तो तुम आये थे
आंख में नूर की और दिल पे लहू की सूरत
याद की तरह धड़कते हुए दिल की सूरत
तुम नहीं आए अभी फिर भी तो तुम आये हो
रात के सीने मे महताब के खन्जर की तरह
सुबह के हाथ में खुर्शीद के सागर की तरह
रात के सीने में महताब के खंजरे की तरह
सुबह के हाथ में खुर्शीद के सागर की तरह

तुम नहीं आओगे जब फिर भी तो तुम आओगे
तुम नहीं आओगे जब फिर भी तो तुम आओगे
जुल्फें बहरम पे बिखर जायेगा फिर रात का रंग
शबे तन्हाई में भी लुत्फे-मुलाकात का रंग
आओ आते की करें बात कि तुम आये तो
अब तुम आये हो तो कौन सी शै नज्र करूं

अब तुम आए हो कौन सी शै नज्र करूं
कि मेरे पास सिर्फ मेहरो-वफा के कुछ भी नहीं
कि मेरे पास सिर्फ मेहरो-वफा के कुछ भी नहीं
अब तुम आए हो तो कौन सी शै नज्र करूं
मेरे दरवाजे से अब चांद को रुख्सत कर दो
साथ आया है तुम्हारे जो तुम्हारे घर से

ऐ खुदा रेत के सहेरा को

ऐ खुदा रेत के सहेरा को समन्दर कर दे
ऐ खुदा रेत के सहेरा को समन्दर कर दे

या छलकती हुई आंखों को भी पत्थर कर दे
ऐ खुदा रेत के सहेरा को समन्दर कर दे
ऐ खुदा रेत के सहेरा को समन्दर कर दे

तुझको देखा नहीं महसूस किया है मैंने
तुझको देखा नहीं महसूस किया है मैंने
आ किसी दिन मेरे एहसास को पैदा कर दे
आ किसी दिन मेरे एहसास को पैदा कर दे
या छलकती हुई आंखों को भी पत्थर कर दे
ऐ खुदा रेत के सहेरा को समन्दर कर दे

और कुछ भी दरकार नहीं है लेकिन
ओर कुछ भी दरकार नहीं है लेकिन
मेरी चादर मेरे पैरों के बराबर कर दे
मेरी चादर मेरे पैरों के बराबर कर दे
या छलकती हुई आंखों को भी पत्थर करदे
ऐ खुदा रेत के सहेरा को समन्दर कर दे

— 'शाहिद' मीर

मजा ले गए बरसातों में

ये हकीकत है कि होता है असर बातों में
ये हकीकत है कि होता है असर बातों में
तुम भी खुल जाओ दो-चार मुलाकातों में
ये हकीकत है कि होता है असर बातों में
ये हकीकत है...

तुमसे सदियों की वफाओं का कोई नाता न था
तुमसे सदियों की वफाओं का कोई नाता न था
तुमसे मिलने की लकीरें थीं मेरे हाथों में
तुम भी खुल जाओगे दो-चार मुलाकातों में
ये हकीकत है...

तेरे वादों ने हमें घर से निकलने न दिया
तेरे वादों ने हमें घर से निकलने न दिया
लोग मौसम का मजा ले गए
लोग मौसम का मजा ले गए बरसातों में
तेरे वादों ने हमें घर से निकलने न दिया
लोग मौसम का मजा ले गए बरसातों में
तुम भी खुल जाओगे दो-चार मुलाकातों में
ये हकीकत है...

अब न सूरज न सितारे न शमां न चांद
अब न सूरज न सितारे न शमां न चांद
अपने जख्मों का,
अपने जख्मों का उजाला है घनी रातों में
अब न सूरज न सितारे न शमां न चांद
अपने जख्मों का उजाला है घनी रातों में
तुम भी खुल जाओगे दो-चार मुलाकातों में
ये हकीकत है कि होता है असर बातों में
ये हकीकत है कि होता है असर बातों में
तुम भी खुल जाओगे दो-चार मुलाकातों में

ला पिला दे

ढल गया अफताब ऐ साकी
ढल गया अफताब ऐ साकी
ला पिला दे शराब ऐ साकी
ढल गया आफताब ऐ साकी
ढल गया...

या सुराही लगा मेरे मुंह से
या सुराही लगा मेरे मुंह से
या सुराही लगा मेरे मुंह से या उलट दे नकाब ऐ साकी
ढल गया आफताब ऐ साकी
ला पिला दे शराब ऐ साकी
ढल गया...
मयकदा छोड़कर कहां जायें
मयकदा छोड़कर कहां जायें
मयकदा छोड़कर कहां जायें
है जमाना खराब ऐ साकी
ढल गया आफताब ऐ साकी
ला पिला दे शराब ऐ साकी
ढल गया...

जाम भर दे गुनाहगारों के
जाम भर दे गुनाहगारों के
जाम भर दे गुनाहगारों के
ये भी है इक सवाब ऐ साकी
ढल गया आफताब ऐ साकी
ला पिला दे शराब ऐ साकी
ढल गया...
आज पीने दे और पीने दे
आज पीने दे और पीने दे
आज पीने दे और पीने दे
कल करेंगे हिसाब ऐ साकी
ढल गया आफताब ऐ साकी
ला पिला दे शराब ऐ साकी
ला पिला दे शराब ऐ साकी

मैं चाहता भी यही था

मैं चाहता भी यही था, वो बेवफा निकले
मैं चाहता भी यही था, वो बेवफा निकले
उसे समझने का कोई तो...
उसे समझने का कोई तो सिलसिला निकले
मैं चाहता भी यही था वो बेवफा निकले

किताबें माजी के पन्ने...
किताबें माज़ी के पन्ने पलट के देख जरा
किताबें माज़ी के पन्ने पलट के देख जरा
न जाने कौन-सा पन्ना मुड़ा हुआ निकले
न जाने कौन-सा पन्ना मुड़ा हुआ निकले

जो देखने में बहुत ही करीब लगता है
जो देखने में बहुत ही करीब लगता है
उसी के बारे में सोचो तो फासला निकले
उसी के बारे में सोचो तो फासला निकले
उसे समझने का कोई तो सिलसिला निकले
उसे समझने का कोई तो सिलसिला निकले
मैं चाहता भी यही था वो बेवफा निकले
मैं चाहता भी यही था वो बेवफा निकले

- वसीम बरेलवी

आपसे क्या गिला करें

आपको भूल जायें हम इतने तो बेवफा नहीं
आपको भूल जायें हम इतने तो बेवफा नहीं
आपसे क्या गिला करें, आपसे कुछ गिला नहीं
आपसे क्या गिला करें,
शीशा-ए-दिल को तोड़ना, उनका तो एक खेल है
शीशा-ए-दिल को तोड़ना, उनका तो एक खेल है
उनका तो खेल है
हमसे ही भूल हो गई, उनकी कोई खता नहीं
काश वो अपने गम मुझे
काश वो अपने गम मुझे दे दे तो कुछ सुकूं मिले
काश वो अपने गम मुझे दे दे तो कुछ सुकूं मिले
वो कितना बदनसीब है
वो कितना बदनसीब है गम ही जिसे मिला नहीं
वो कितना बदनसीब है गम ही जिसे मिला नहीं
करना है गर वफा तो क्या
करना है गर वफा तो क्या, कैसे वफा को छोड़ दूं
करना है गर वफा तो क्या, कैसे वफा को छोड़ दूं
कैसे वफा को छोड़ दूं
कहते हैं इस गुनाह की
कहते हैं इस गुनाह की होती कोई सजा नहीं
कहते हैं इस गुनाह की होती कोई सजा नहीं
आपको भूल जायें हम इतने तो बेवफा नहीं
आपको भूल जायें हम...

— 'तस्लीम' फ़ाज़िली

फिर पानी दे मौला

गरज बरस प्यासी धरती पर
फिर पानी दे मौला
गरज बरस प्यासी धरती पर
फिर पानी दे मौला
चिड़ियों को धानी बच्चों को
गुड़धानी दे मौला
गरज बरस प्यासी धरती पर
फिर पानी दे मौला
गरज बरस प्यासी धरती पर
फिर पानी दे मौला
दो और दो का जोड़ हमेशा
चार कहार वो जोन
दो और दो का जोड़ हमेशा
चार कहार वो जाने
सोच-समझ वालों को थोड़ी
न दमनी दे मौला
सोच-समझ वालों को थोड़ी
न दमनी दे मौला
चिड़ियों को धानी बच्चों को
गुड़धानी दे मौला
गरज बरस प्यासी धरती पर
फिर पानी दे मौला
गरज बरस प्यासी धरती पर
फिर पानी दे मोला
फिर रोशन कर जहर का प्याला
चमका नई सदी में
फिर रोशन कर जहर का प्याला

चमका नई सदी में
झूठों की दुनिया में सच को
दागागनी दे मौला
चिड़ियों को धनी बच्चों को
गुड़धानी दे मौला
गरज बरस प्यासी धरती को
फिर पानी दे मौला
फिर मूरत से बाहर आकर
चारों ओर बिखर जा
फिर मूरत से बाहर आकर
चारों ओर बिखर जा
फिर मन्दिर को कोई मीरा
दीवानी दे मौला
फिर मन्दिर को कोई मीरा दीवानी दे मौला
चिड़ियों को धानी बच्चों को
गुड़धानी दे मौला
गरज बरस प्यासी धरती पर
फिर पानी दे मौला
तेरे होते कोई किसी की
जान का दुश्मन क्यों हो
तेरे होते कोई किसी की
जान का दुश्मन क्यों हो
जीने वालों को मरने की
आसानी दे मौला
चिड़ियों को धानी बच्चों को
गुड़धानी दे मौला
गरज बरस प्यासी धरती पर
फिर पानी दे मौला

- 'निदा' फ़ाज़िली

उनकी आगोश में सर हो

उम्र जलवों में बसर हो ये जरूरी तो नहीं
उम्र जलवों में बसर हो ये जरूरी तो नहीं

मय आठों पहर हो
मय आठों पहर हो ये जरूरी तो नहीं
उम्र जलवों में बसर हो ये जरूरी तो नहीं

चश्म-ए-साक़ी से पियो या लब-ए-साग़र से पियो
चश्म-ए-साक़ी से पियो या लब-ए-साग़र से पियो
मय आठों पहर हो ये जरूरी तो नहीं
उम्र जलवों में बसर हो ये जरूरी तो नहीं
हर शब-ए-गम की सहर हो ये जरूरी तो नहीं

नींद तो दर्द के बिस्तर में भी आ सकती है
उनकी आगोश में सर हो ये जरूरी तो नहीं
उम्र जलवों में बसर हो
उम्र जलवों में बसर हो ये जरूरी तो नहीं
हर शब-ए-गम की सहर हो ये जरूरी तो नहीं
उम्र जलवों में...

शेख करता तो है मस्जिद में खुदा को सिजदे
शेख करता तो है मस्जिद में खुदा को सिजदे
उसके सिज़दों में असर हो उसके सिज़दों में असर हो
ये जरूरी तो नहीं हर शब-ए-गम की सहर हो
ये जरूरी तो नहीं, उम्र जलवों में...

सबकी नजरों में हो साकी सबकी नजरों में हो सकी
ये जरूरी तो नहीं सब पे साकी की नजर हो
ये जरूरी तो नहीं हर शब-ए-गम की सहर हो
ये जरूरी तो नहीं उम्र जलवों में बसर हो
ये जरूरी तो नहीं

लबों से लब जो मिल गए

चराग आफताब गुम बड़ी हसीन रात थी
चराग आफताब गुम बड़ी हसीन रात थी
शबाब की नकाब गुम बड़ी हसीन रात थी
शबाब की नकाब गुम बड़ी हसीन रात थी
चराग आफताब गुम बड़ी हसीन रात थी
चराग आफताब...
मुझे पिला रहे थे वो कि खुद ही शमां बुझ गई
मुझे पिला रहे थे वो,
मुझे पिला रहे थे वो कि खुद ही शमां बुझ गई
गिलास गुम, शबाब गुम, बड़ी हसीन रात थी
गिलास गुम, शराब गुम बड़ी हसीन रात थी
चराग आफताब गुम बड़ी हसीन रात थी
चराग आफताब गुम बड़ी हसीन रात थी
चराग आफताब गुम...
लिखा था जिस किताब में कि इश्क तो हराम है
लिखा था जिस किताब में,
लिखा था जिस किताब में कि इश्क तो हराम है
हुई वही किताब गुम बड़ी हसीन रात थी
हुई वही किताब गुम बड़ी हसीन रात थी
शबाब की नकाब गुम बड़ी हसीन रात थी
चराग आफताब गुम बड़ी हसीन रात थी
चराग आफताब गुम...
लबों से लब जो मिल गए, लबों से लब जो सिल गए
लबों से लब जो मिल गए, लबों से लब जो सिल गए

सवाल गुम जवाब गुम बड़ी हसीन बात थी
सवाल गुम जवाब गुम बड़ी हसीन रात थी
चराग आफताब गुम बड़ी हसीन रात थी
शबाबा की नकाब गुम बड़ी हसीन रात थी
चराग आफताब गुम बड़ी हसीन रात थी
चराग आफताब गुम...

रातें थीं सूनी-सूनी

रातें थीं सूनी-सूनी
दिन थे उदास मेरे
रातें थीं सूनी-सूनी
दिन थे उदास मेरे
तुम आ गए तो जागे
सोए हुए सवेरे
रातें थीं सूनी-सूनी

खामोश इन लबों को
इक रागिनी मिली है
मुरझाए से गुलों को
इक ताजगी मिली है
घेरे हुए थे मुझको
कब से घने अन्धेरे
तुम मिल गए तो जागे
सोए हुए सवेरे
रातें थी सूनी-सूनी

रूठा हुआ था मुझसे
खुशियों का हर तराना
लगता था जिंदगी
बन जाएगी फसाना
हर सू लगे हुए थे
तन्हाइयों के डेरे
तुम मिल गए तो जागे
सोए हुए सवेरे
रातें थीं सूनी-सूनी

प्यार मुझसे जो किया तुमने

प्यार मुझसे जो किया तुमने तो क्या पाओगे
प्यार मुझसे जो किया तुमने तो क्या पाओगे
मेरे हालात की आंधी में बिखर जाओगी
प्यार मुझसे जो किया...

रंज और दर्द की बस्ती का मैं वाशिन्दा हूं
रंज और दर्द की बस्ती का मैं वाशिन्दा हूं
ये तो बस मैं हूं जो इस हाल में भी जिंदा हूं
ख्वाब क्यूं देखूं कल जिसपे मैं शर्मिंदा हूं
मैं जो शर्मिंदा हुआ तुम भी तो शरमाओगे
प्यार मुझे जो किया...

क्यूं मेरे साथ कोई और परोशान रहे
मेरी दुनिया जो है वीरान तो वीरान रहे
जिंदगी का ये सफर तुमसे तो आसान रहे
हमसफर मुझको बनाओगी तो पछताओगी
प्यार मुझसे जो किया...
एक मैं क्या अभी आयेंगे दीवाने कितने
अभी गूंजेंगे मुहब्बत के तराने कितने
जिंदगी तुमको सुनायेगी फसाने कितने
क्यूं समझती हो मुझे भूल नहीं पाओगी
मेरे हालात की आंधी मे बिखर जाओगी
प्यार मुझको जो किया...

– **जावेद अख्तर**

क्यूं ज़िंदगी की राह में

क्यूं जिन्दगी की राह में मजबूर हो गए
क्यूं जिन्दगी की राह में मजबूर हो गए
इतने हुए करीब कि हम दूर हो गए
क्यूं जिंदगी की राह में मजबूर हो गए
इतने हुए करीब कि हम दूर हो गए
क्यूं जिंदगी की राह में मजबूर हो गए

ऐसा नहीं कि हमको कोई भी खुशी नहीं
ऐसा नहीं कि हमको कोई भी खुशी नहीं
लेकिन ये जिंदगी तो कोई जिंदगी नहीं
ऐसा नहीं कि हमको कोई भी खुशी नहीं
लेकिन ये जिंदगी तो कोई जिंदगी नहीं
क्यूं इसके फैसले हमें मन्जूर हो गए
इतने हुए करीब कि हम दूर हो गए
क्यूं जिंदगी की राह में मजबूर हो गए

पाया तुम्हें तो हमको लगा तुमको खो दिया
पाया तुम्हें तो हमको लगा तुमको खो दिया
हम दिल पे रोए और ये दिल हमपे रो दिया
पाया तुम्हें तो हमको लगा तुमको खो दिया
हम दिल पे रोए और ये दिल हमपे रो दिया
पलकों से ख्वाब क्यूं गिरे क्यूं चूर हो गए
इतने हुए करीब कि हम दूर हो गए
क्यूं जिंदगी की राह में मजबूर हो गए
इतने हुए करीब कि हम दूर हो गए
क्यूं जिंदगी की राह में मजबूर हो गए

- जावेद अख़्तर

चलदी कुरती मलमल दी

ढाई दिन न जवानी नाल
ढाई दिन न जवानी नाल
चलदी कुरती मलमल दी
ढाई दिन न जवानी नाल
चलदी कुरती मलमल दी
अथरी तेरी जवानी कुड़िए
अथरी तेरी जवानी कुड़िए
तेरे बस न रहेन्दी
साडे दिल ते लाटां लावे
तेरे हाथों दी मेहन्दी
ढाई दिन न जवानी नाल
चलदी कुरती मलमल दी

तेरी कोलो टुरना सिखे
तेरी कोलो टुरना सीखे
पंज दरिया दे पानी
यां तू कोई हीर सस्सीयां
यां तू कोई हीर सस्सीयां
कोई फूर्ला रानी
नी तू कुड़ियां विच नहीं
नी तू कुड़ियां विच नहीं
रलदी कुरती मलमल दी
रलदी कुरती मलमल दी
ढाई दिन न जवानी नाल
चलदी कुरती मलमल दी

पतली कुरती दे विचों वी
पतली कुरती दे विचों वी
रूप झांतियां मारे
अंग-अंग टीसदा रहेन्द
लू लू करे इशारे
ओ जुती खल दी मरोड़ा नहीं
मेहंदी करती मलमल दी
ढाई दिन न जवानी नाल
चलदी कुरती मलमल दी

– इन्द्रजीत

सावन दा महीना

सावन दा महीना यारो सावन दा महीना ए
अम्बरां च वाल कोई झाड़दी हसीना ए
इक इक बूंद कोई मोती ते नगीना ए
भिज्जी, भिज्जी सिली, सिली पवन दा महीना ए
सावन दा महीना...

धरती दे मुखड़े नूं धोनदा महीना ऐ
ते टप टप कोठियां दे चोन दा महीना ए
ते दिलां विच कुछ कुछ होन दा महीना ए
सावन दा महीना...

खीरां तो माल पूड़े खान दा महीना ए
रुस, रुस, मन, मन, जान दा महीना ए
हाण वाले हाणियां दे हाण दा महीना ए
ते सौन वाले वन्दयां लयी सौन दी महीना ए
भर देवे रस नाल निकी निकी अंबियां नूं
बड़ा ही हैरान करे महीना ऐ गंजियां नूं
बार बार लौना पवे कोठे उतों मंयिजां नूं
ढिली कदे कसी होई दौन दा महीना ए
सावन दा महीना...

— चमन लाल 'चमन'

मिलना ते मिलना आके

कोठे ते आ माहिया मिलना ते मिल आके
नहीं ते खसमां नू खा माहिया
नहीं ते खमसां नू खा माहिया
की लैना ए मित्रा तो
की लैना ए मित्रा तो
मिलन ते आ जावो
डर लगदा ए छितरां तो

तुझी कासे काले ओ
तुझी कासे काले ओ
कुछ तो शर्म करो
धिया पुत वाले ओ

साडे दंद पए वड़दे ने
साडे दंद पए वड़दे ने
असी तुहानू चंगे लगदे
साडे धिया पुत वड़दे ने
एथे प्यार दी पुछ कोई न
एथे प्यार दी पुछ कोई न
तेरे नाल नहियों बोलना
तेरे बुए ते मझ कोई न

मजा प्यार दा चख लांगा
मजा प्यार दा चख लांगा
जो तेरा हुक्म होवे
मैं तां दाड़ी दी रंग लांगा

बागे विच आया करो
बागे विच आया करो
तुझी मक्खियां उड़ाया करो
जदी असी सौ जाइए

असी प्यार निभावेंगे
असी प्यार निभावेंगे
हुन असी मिल गए हां
गीत प्यार दे गावांगे
कोठे ते मिल आके
कोठे तो मिल आके
नहीं ते खसमां नूं
नू खा माहिया

— **चमन लाल 'चमन'**

सारे पिंड विच पवाड़े पाए

सारे पिंड विच पवाड़े पाए
सारे पिंड विच पवाड़े पाए
हाय नी,
हाय नी तेरे गोरे रंग नी
बिल्लो सारे पिंड विच

तेरे नीले नैना विचो डुलती शराब नी
हो गया शराबी चैनूं देख के पंजाब नी

तेरा नखरा,
हाय तेरा नखरा सहया न जाए
तेरा नखरा सहया न जाए
हाय नी तेरे गोरे-गोरे रंग नी
तेरे गोरे-गोरे रंग नी
सारे पिंड विच पवाड़े पाए
सारे पिंड विच...

तुरे नूं अखां नू पासे मार-मार के
गली-गली खंगदे ने मुंडे तैनू ताड़ के
तैनूं वेखियां सब्र न आए
हाय नी तेरे गोरे-गोरे रंग नी
बिल्लो सारे पिंड विच
हाय नी तेरे...
धुप नालो गोरी एं तू धुवे न खलोई

रूप दी लाली लते सूरज न खोई
तेसू दस कौन समझाये...
हाय नी तेरे गोरे-गोरे रंग नी
बिल्लो सारे पिंड विच
सारे पिंड विच पवाड़े पाए
हाय नी तेरे गोरे-गोरे रंग नी
बिल्लो सारे पिंड विच
हाय नी तेरे...

— चमन लाल 'चमन'

अपनी तस्वीर को आंखो से

अपनी तस्वीर को आंखों से लगाता क्या है
एक नजर मेरी तरफ देख तेरा जाता क्या है

मेरी रुसवाई में तू भी है बराबर का शरीक
मेरे किस्से मेरे यारो को सुनाता क्या है
अपनी तस्वीर को आंखों से लगाता क्या है

पास रहकर भी न पहचान सका तू मुझको
दूर से देखकर अब हाथ हिलाता क्या है
अपनी तस्वीर को आंखों से लगाता क्या है

उम्र भर अपने गरेबां से उलझने वाले
तू मुझे मेरे ही साये से डराता क्या है
अपनी तस्वीर को आंखों से लगाता क्या है

मैं तेरा भी नहीं हूं मगर इतना तो बता
देखकर मुझको तेरे जेहन मे आता क्या है
अपनी तस्वीर को आंखों से लगाता क्या है
एक नजर मेरी तरफ देख तेरा जाता क्या है

—शहजाद अहमद

अबकी बरस भी वो नहीं आए

अबकी बरस भी वो नही आए बहार में
अबकी बरस भी वो नहीं आए बहार में
गुजरेगा और एक बरस इंतजार में
अबकी बरस भी वो नहीं आए बहार में

ये आग इश्क की है बुझाने से क्या बुझे
ये आग इश्क की है बुझाने से क्या बुझे
दिल तेरे बस में है न मेरे इख्तियार में
गुजरेगा और एक बरस इन्तजार में
अबकी बरस भी वो नहीं आए बहार में

है टूटे दिल में तेरी मुहब्बत तेरा ख्याल
है टूटे दिल में तेरी मुहब्बत तेरा ख्याल
खुशरंग है बहार जो गुजरी बहार में
गुजरेगा और एक बरस इंतजार में
अबकी बरस भी वो नहीं आए बहार में

आंसू नहीं हैं आंखों में लेकिन तेरे बगैर
आंसू नहीं हैं आखों मे लेकिन तेरे बगैर
वो कांपते हुए है दिले-बेकरार में
गुजरेगा और एक बरस इन्तजार में
अबकी बरस भी वो नहीं आए बहार में

आधी रात को ये दुनिया वाले

आधी रात को ये दुनिया वाले
जब ख्वाबों में खो जाते हैं
ऐसे में मुहब्बत के रोगी
यादों के चराग जलाते हैं

करते हैं मुहब्बत सब ही मगर
हर दिल को सिला कब मिलता है
आई हैं बहारें गुलशन में
हर फूल मगर कब खिलता है

मैं रांझा न था तू हीर न थी
हम अपना प्यार निभा न सके
क्यों प्यार के ख्वाब बहुत देखे
ताबीर मगर हम पा ना सके

मैने बहुत चाहा लेकिन
तू रख न सकी वादों का भरम
अब रह रह कर याद आता है
जो तूने किया इस दिल पे सितम

परदा जो हटा दूं चेहरे से
तूझे लोग कहेंगे हरजाई
मजबूर हूं मै दिल के हाथों
मंजूर नहीं तेरी रुसवाई

सोचा है कि तेरे होठों पर
मैं चुप की मोहर लगा लूंगा
मैं तेरी सुलगती यादों से
अब इस दिल को बहला लूंगा

इश्क में ग़ैरते जज्बात ने

इश्क में ग़ैरते जज्बात ने रोने न दिया
इश्क में ग़ैरते जज्बात ने रोने न दिया
वरना क्या बात थी किसी बात ने रोने न दिया
इश्क में ग़ैरते जज्बात ने..........

आप कहते थे रोने से बदलेंगे नसीब
आप कहते थे रोने से बदलेंगे नसीब
उम्र भर आप की इस बात ने रोने न दिया
उम्र भर आप की इस बात ने रोने न दिया
इश्क में ग़ैरते जज्बात ने.........

रोने वालों से कहो उनका भी रोना रो लें
रोने वालों से कहो उनका भी रोना रो लें
जिनको मजबूरी-ए-हालात ने रोने न दिया
जिनको मजबूरी-ए-हालात ने रोने न दिया
इश्क में ग़ैरते जज्बात ने.........

उनसे मिलकर हमें रोना था बहुत रोना था
उनसे मिलकर हमें रोना था बहुत रोना था
तंगी ए-वक्ते-मुलाकात ने रोने न दिया
तंगी ए-वक्ते-मुलाकात ने रोने न दिया
इश्क में ग़ैरते जज्बात ने.......

इश्क मे ग़ैरते जज्बात ने रोने न दिया
वरना क्या बात थी किसी बात ने रोने न दिया
इश्क मे ग़ैरते जज्बात ने........

इन अश्कों को पानी कहना

इन अश्कों को पानी कहना,
भूल नहीं नादानी है
तन-मन में जो आग लगा दे,
ये तो ऐसा पानी है
कैसे तुमसे इश्क हुआ था,
क्या-क्या हम पर बीती है
सुन लो तो एक सच्चा अफसाना
वरना एक कहानी है
शैख-ओ-बरहन, जाहिद-ओ-वाइज
पीरी में ये क्या जानें
भूल भी हो जाती है इसमें
इसका नाम जवानी है
दुःख-सुख सहना और खुश रहना
इश्क मे लाजिम है ये 'सहर'
दिल वाले हो मत घबराओ
ये तो रीत पुरानी है
इन अश्कों को पानी कहना
भूल नहीं नादानी है
तन-मन में जो आग लगा दे
ये तो ऐसा पानी है

—कंवर महेन्द्र सिंह वेद 'सहर'

उनसे नैन मिलाकर देखो

उनसे नैन मिलाकर देखो
ये धोखा भी खाकर देखो
उनसे नैन मिलाकर........

दूरी में क्या भेद छिपा है
इसकी खोज लगाकर देखा
उनसे नैन मिलाकर....

किसी अकेली शाम की चुप में
गीत पुराने गाकर देखो
उनसे नैन मिलाकर....
आज की रात बहुत काली है
सोच के दिप जलाकर देखो
उनसे नैन मिलाकर.....
जाग-जाग कर उम्र कटी है
नींद के द्वार हिलाकर देखो
उनसे नैन मिलाकर देखो
ये धोखा भी खाकर देखो

—मुनीर नियाज़ी

कब तक दिल की खैर

कब तक दिल की ख़ैर मनाएं
कब तक राह दिखाओगे
कब तक चैन की मोहलत दोगे
कब तक याद न आओगे
कब तक चैन की मोहलत...

बीता दीद-उम्मीद का मौसम
ख़ाक उड़ती है आंखों में
कब भेजोगे दर्द का बादल
कब बरखा बरसाओगे
कब तक चैन की मोहलत...

अहदे-वफ़ा और तर्के मुहब्बत
जो चाहो सो आप करो
अपने बस की बात ही क्या है
इसमें क्या मनवाओगे
कब तक चैन की मोहलत...

किसने वस्ल का सूरज देखा
किस पर हिज्र की रात ढली
गेसुओं वाले कौन थे, क्या थे
उनको क्या बतलाओगे
कब तक चैन की मोहलत...

‘फैज़’ दिलों के भाग्य में है
घर बसना और लुट जाना
तुम उन हुस्न के लुत्फ़ो-करम पे
कितने दिन इतराओगे
कब तक चैन की मोहलत...
कब तक दिल की ख़ैर मनाएं...

– **फ़ैज़ अहमद ‘फ़ैज़’**

क्यों दिल की बात छिपाते हो

क्यों दिल की बात छिपाते हो छिपती है दिल की बात कहीं
हलचल न मचा दें सीने में ये मचले हुए जज़्बात कहीं
क्यों दिल की बात...

कुछ इसलिए भी डरता हूं इज़हारे मुहब्बत करने से
कहीं तू नाराज न हो जाए ठंडी आहें भरने से
तेरे दामन को जब मैं थामूं तू झटक न दे मेरा हाथ कहीं
क्यों दिल की बात...

मैं वो मौज नहीं साहिल पे जो आके-आके पलट जाए
उसे कौन जुदा कर सकता है जब प्यार से प्यार लिपट जाए
तुझे भूल न जाएं हम राही मेरे प्यार भरे नग़मात कहीं
क्यों दिल की बात...

जब तक हैं सलामत होंठ मेरे लेता ही रहूंगा नाम तेरा
मेरे जुनूं की महफिल में छलकेगा हमेशा जाम तेरा
जब प्यासी निगाहें मिल जाएं छूटा है भला फिर साथ कहीं
क्यों दिल की बात...

कुछ दिन तो बसो...

कुछ दिन तो बसो मेरी आंखों में
फिर ख़्वाब अगर हो जाओ तो क्या
कुछ दिन...

कोई रंग तो दो मेरे चेहरे को
फिर ज़ख़्म अगर महकाओ तो क्या
कुछ दिन...

एक आईना था जो टूट गया
अब खुद से अगर शरमाओ तो क्या
कुछ दिन..

मैं तन्हा था, मैं तन्हा हूं
तुम आओ तो क्या न आओ तो क्या
कुछ दिन...

जब हम हों न महके फिर साहब
तुम बाद-ए-सबा कहलाओ तो क्या
कुछ दिन...

जब देखने वाला कोई नहीं
बुझ जाओ तो क्या, जल जाओ तो क्या
कुछ दिन...
फिर ख़्वाब...

- अब्दुल सलीम

ग़म मुझे, हसरत मुझे

ग़म मुझे, हसरत मुझे, वहशत मुझे, सौदा मुझे
ग़म मुझे, हसरत मुझे, वहशत मुझे, सौदा मुझे
एक दिल देकर खुदा ने, दे दिया क्या-क्या मुझे
एक दिल देकर खुदा ने, दे दिया क्या-क्या मुझे
ग़म मुझे...

ये नमाज़-ए-इश्क़ है कैसा अदब किसका अदब
ये नमाज़-ए-इश्क़ है कैसा अदब किसका अदब
अपने पाये-नमाज पर करने दो सिजदा मुझे
अपने पाये-नमाज पर करने दो सिजदा मुझे
एक दिल देकर खुदा ने, दे दिया क्या-क्या मुझे
ग़म मुझे...

देखते-ही-देखते दुनिया से मैं उठ जाऊंगा
देखते-ही-देखते दुनिया से मैं उठ जाऊंगा
देखती ही देखती रह जाएगी दुनिया मुझे
देखती ही देखती रह जाएगी दुनिया मुझे
एक दिल देकर खुदा ने, दे दिया क्या-क्या मुझे
ग़म मुझे...

गए दिनों का सुराग

गए दिनों का सुराग़ लेकर
किधर से आया किधर गया वह
अजीब मानूस अजनबी था
मुझे तो हैरान कर गया वह

बस एक मोती-सी छब दिखाकर
बए एक मीठी-सी धुन सुनाकर
सितारा-ए-शाम बन के आया
रंगे-ख़्वाब-ए-सहर कर गया वह

ख़ुशी की रात हो कि ग़म का मौसम
नज़र उसे ढूंढती है हरदम
वह बू-ए-गुल या कि नग़मा-ए-जां
मेरे तो दिल में उतर गया वह

न अब वह यादों का चढ़ता दरिया
न फ़ुरसतों की है ओस-बरखा
यूं ही ज़रा-सी कसक है दिल में
जो जख़्म गहरा था भर गया वह

कुछ अब संभलने लगी है जां भी
बदल चला दौर-ए-आसमां भी
जो रात भारी थी टल गई है
जो दिन कड़ा था गुज़र गया वह

चिट्ठी न कोई संदेश

चिट्ठी न कोई संदेश, जाने वो कौन-सा देश
जहां तुम चले गए
इस दिल को लगा के ठेस, जाने वो कौन-सा देश
जहां तुम चले गए
इक आह भरी होगी, हमने न सुनी होगी
जाते-जाते तुमने, आवाज तो दी होगी
हर वक़्त यही है ग़म, उस वक़्त कहां थे हम
कहां तुम चले गए
चिट्ठी न कोई संदेश, जाने वो कौन-सा देश
जहां तुम चले गए
इस दिल को लगा के ठेस, जाने वो कौन-सा देश
जहां तुम चले गए
हर चीज पे अश्कों से, लिखा है तुम्हारा नाम
ये रस्ते घर गलियां तुम्हें, कर ना सके सलाम
हर दिल में रह गई बात, जल्दी से छुड़ाकर हाथ
कहां तुम चले गए...
चिट्ठी न कोई संदेश, जाने वो कौन-सा देश
जहां तुम चले गए...जहां तुम चले गए...
इस दिल को लगा के ठेस, जाने वो कौन-सा देश
जहां तुम चले गए...
अब यादों के कांटे, इस दिल में चुभते हैं
ना दर्द ठहरता है, ना आंसू रुकते हैं
तुम्हें ढूंढ रहा है प्यार, हम कैसे करें इकरार
कि हां तुम चले गए
चिट्ठी न कोई संदेश....

- आनंद बख्शी

फिर नज़र से पिला दीजिए

छोड़िए दुश्मनी की रबिश
अब ज़रा मुस्करा दीजिए
अब ज़रा मुस्करा दीजिए
होश मेरे उड़ा दीजिए
फिर नज़र से पिला दीजिए

बात अफ़साना बन जाएगी
इस क़दर मत हवा दीजिए
होश मेरे उड़ा दीजिए
फिर नज़र से पिला दीजिए

आइए खुलके मिलिए गले
सब तकल्लुफ़ हटा दीजिए
होश मेरे उड़ा दीजिए
फिर नज़र से पिला दीजिए

कब से मुश्ताके दीदार हूं
अब तो जलवा दिखा दीजिए
होश मेरे उड़ा दीजिए
फिर नज़र से पिला दीजिए
फिर नज़र से...

– जाम नसीमी

तमन्नाओं के बहलावे में...

तम्मनाओं के बहलावे में अक्सर आ ही जाते हैं
तम्मनाओं के बहलावे में अक्सर आ ही जाते हैं
कभी हम चोट खा जाते हैं,
कभी हम चोट खाते हैं कभी हम मुस्कुराते हैं
कभी हम चोट खाते हैं कभी हम मुस्कुराते हैं
तम्मनाओं के...

हम अक्सर दोस्तों की बेवफाई सह तो लेते हैं
हम अक्सर दोस्तों की बेवफ़ाई सह तो लेते हैं
मगर हम जानते हैं,
मगर हम जानते हैं दिल हमारे टूटे जाते हैं
मगर हम जानते हैं दिल हमारे टूटे जाते हैं
कभी हम चोट खाते हैं कभी हम मुस्कुराते हैं
तमन्नाओं के...

किसी के साथ जब बीते हुए लम्हों की याद आती है
किसी के साथ जब बीते हुए लम्हों की याद आती है
खुली आंखों में,
खुली आंखों में अश्कों के सितारे झिलमिलाते हैं
कभी हम चोट खाते हैं कभी हम मुस्कुराते हैं
तमन्नाओं के...

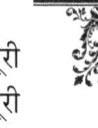

ये कैसा इश्तेयाक-ए-दीद है और कैसी मजबूरी
ये कैसा इश्तेयाक-ए-दीद है और कैसी मजबूरी
किसी की बज़्म तक,
किसी की बज़्म तक जाके हम क्यों लौट आते हैं
किसी की बज़्म तक जाके हम क्यों लौट आते हैं
कभी हम चोट खाते हैं कभी हम मुस्कुराते हैं
तमन्नाओं के...

तुम हमारे नहीं तो क्या गम है

तुम हमारे नहीं तो क्या गम है
हम तुम्हारे नहीं तो क्या कम है
हुस्न की शोखियां जरा देखो
गाहे शोला है, गाहे शबनम है
मुस्करा दो ज़रा ख़ुदा के लिए
शम्म-ए-महफिल में रोशनी कम है
बन गई है ये ज़िन्दगी अब तो
तुझसे बढ़कर हमें तेरा गम है
तुम हमारे नहीं तो क्या गम है
हम तुम्हारे तो हैं ये क्या कम है
तुम हमारे नहीं...

- कंवर महेन्द्र सिंह बेदी 'सहर'

दिल वालों क्या देख रहे हो

दिल वालों क्या देख रहे हो इन राहों में
हदे-नज़र तक ये वीरानी साथ चलेगी, साथ चलेगी
दिल वालों क्या देख रहे हो...

सन्नाटे फिर शम्मा के आंसू चाट रहे हैं
ये बस्ती जो उजड़ गई है अब न बसेगी, अब न बसेगी
हदे-नज़र तक ये वीरानी साथ चलेगी, साथ चलेगी
दिल वालों क्या देख रहे हो...

घर के अन्दर सारे जंगल का सन्नाटा
शाम हुई तो उस जंगल में हवा चलेगी, हवा चलेगी
हदे-नज़र तक ये वीरानी साथ चलेगी, साथ चलेगी
दिल वालों क्या देख रहे हो...

जिनके हाथों इस दिल की तौहीन हुई है
उनके लिए भी ये दुनियां यूं न रहेगी, यूं न रहेगी
हदे-नज़र तक ये वीरानी साथ चलेगी, साथ चलेगी
दिल वालों क्या देख रहे हो...

'रजी' मियां तुम शाम से कैसे चुप बैठे हो
कुछ तो बोलो ऐसी चुप से बात बढ़ेगी, बात बढ़ेगी
हदे-नज़र तक ये वीरानी साथ चलेगी, साथ चलेगी
दिल वालों क्या देख रहे हो...

- रज़ी

दिल की बात लबों पर

दिल की बात लबों पर लाकर
अब तक हम दुख सहते हैं
हमने सुना था इस धरती पे
दिल वाले भी रहते हैं

बीत गया सावन का महीना
मौसम ने नज़रे बदलीं
लेकिन इन प्यासी आंखों में
अब तक आंसू बहते हैं।

एक हमें आवारा कहना
कोई बड़ा इल्ज़ाम नहीं
दुनिया वाले दिल वालों को
और बहुत कुछ कहते हैं

जिसकी ख़ातिर शहर भी छोड़ा
जिसके लिए बदनाम हुए
आज वही हमसे बेगाने
बेगाने से रहते हैं

वो जो अभी रहगुज़र से
चाके-गरेबां गुज़रा था
उस आवारा दीवाने को
'जालिब' जालिब कहते हैं।

- हबीब 'जालिब'

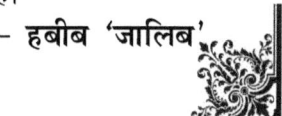

दिल में तो मुहब्बत है

दिल में तो मुहब्बत है
फिर तुम कहते हुए क्यों शरमाते हो
इज़हारे-वफ़ा करते-करते
क्या बात है क्यों रुक जाते हो
बेताबी-ए-दिल की समझो
हम तुम पर ज़ाहिर करें कैसे
बीमारे-मुहब्बत से ग़ाफ़िल रहता है
मसीहा क्यों ऐसे
तुमको तो ख़बर है इस दिल की
अनजान से क्यों बन जाते हो
इज़हारे-वफ़ा...

हम भटके हुए इक राही थे
दुनिया की अन्धेरी राहों में
जीने की तमन्ना जाग उठी
देखा जो तुम्हारी आंखों में
जीने का सहारा दे के हमें
अब दूर हमीं से जाते हो
इज़हारे-वफ़ा...

न मुहब्बत न दोस्ती

न मुहब्बत न दोस्ती के लिए
न मुहब्बत न दोस्ती के लिए
वक़्त रुकता नहीं किसी के लिए
वक़्त रुकता नहीं किसी के लिए
न मुहब्बत...

दिल को अपने सज़ा न दे यूं ही
दिल को अपने सज़ा न दे यूं ही
सोच ले आज दो घड़ी के लिए
सोच ले आज दो घड़ी के लिए
वक़्त रुकता नहीं किसी के लिए
न मुहब्बत...

हर कोई प्यार ढूंढता है यहां
हर कोई प्यार ढूंढता है यहां
अपनी तन्हा-सी ज़िन्दगी के लिए
अपनी तन्हा-सी ज़िन्दगी के लिए
वक़्त रुकता नहीं किसी के लिए
न मुहब्बत..

वक़्त के साथ-साथ चलता रहे
वक़्त के साथ-साथ चलता रहे
यही बेहतर है आदमी के लिए
यही बेहतर है आदमी के लिए
वक़्त रुकता नहीं किसी के लिए
न मुहब्बत न दोस्ती के लिए
वक़्त रुकता नहीं किसी के लिए
न मुहब्बत...

न कह साक़ी बहार आने के दिन है

न कह साक़ी बहार आने के दिन हैं
जिग़र के दाग़ छिल जाने के दिन हैं
न कह साक़ी बहार...

अदा सीखो अदा आने के दिन हैं
अभी तो दूर शरमाने के दिन हैं
ग़रेबां ढूंढते हैं हाथ मेरे
चमन में फूल खिल जाने के दिन हैं
न कह साक़ी बहार...

तुम्हें राज़-ए-मोहब्बत क्या बताएं
तुम्हारे खेलने खाने के दिन हैं
न कह साक़ी बहार...

घटाएं ऊदी-ऊदी कह रही हैं
मये-अंगूर खिंचवाने के दिन हैं
न कह साक़ी बहार आने के दिन हैं
जिग़र के दाग़ छिल जाने के दिन हैं

– बेखुद देहलवी

मेरे जैसे बन जाओगे...

मेरे जैसे बन जाओगे जब इश्क़ तुम्हें हो जाएगा
मेरे जैसे बन जाओगे जब इश्क़ तुम्हें हो जाएगा
दीवारों से टकराओगे जब इश्क तुम्हें हो जाएगा
दीवारों से टकराओगे जब इश्क तुम्हें हो जाएगा
मेरे जैसे...

हर बात गवारा कर लोगे मन्नत भी उतारा कर लोगे
हर बात गवारा कर लोगे मन्नत भी उतारा कर लोगे
तावीजें भी बंधवाओगे जब इश्क तुम्हें हो जाएगा
दीवारों से टकराओगे जब इश्क तुम्हें हो जाएगा
मेरे जैसे...

तन्हाई के झूले झूलेंगे हर बात पुरानी भूलेंगे
तन्हाई के झूले झूलेंगे हर बात पुरानी भूलेंगे
आईने से तुम घबराओगे जब इश्क तुम्हें हो जाएगा
दीवारों से टकराओगे जब इश्क तुम्हें हो जाएगा
मेरे जैसे...

जब सूरज भी खो जाएगा और चंदा कहीं सो जाएगा
जब सूरज भी खो जाएगा और चंदा कहीं सो जाएगा
तुम भी घर देर से आओगे जब इश्क़ तुम्हें हो जाएगा
दीवारों से टकराओगे जब इश्क तुम्हें हो जाएगा
मेरे जैसे...

बेचैनी जब बढ़ जाएगी और याद किसी की आएगी
बेचैनी जब बढ़ जाएगी और याद किसी की आएगी
तुम मेरी ग़ज़लें गाओगे जब इश्क तुम्हें हो जाएगा
दीवारों से टकराओगे जब इश्क तुम्हें हो जाएगा
मेरे जैसे...

मोह की बात सुने हर कोय

मोह की बात सुने हर कोय दिल के दर्द को जाने कौन
मोह की बात सुने हर कोय दिल के दर्द को जाने कौन
आवाज़ों के बाज़ारों में ख़ामोशी पहचाने कौन
आवाज़ों के बाज़ारों में ख़ामोशी पहचाने कौन
मोह की बात सुने हर कोय दिल के दर्द को जाने कौन
मोह की बात...

सदियों-सदियों वही तमाशा रस्ता-रस्ता लम्बी खोय
लेकिन जब हम मिल जाते हैं खो जाता है जाने कौन
आवाज़ों के बाज़ारों में ख़ामोशी पहचाने कौन
मोह की बात सुने हर कोय दिल के दर्द को जाने कौन
मोह की बात...

वो मेरा ही आईना है मैं उसकी तो परछाई हूं
मेरे ही घर में रहता है मुझ जैसा ही जाने कौन
आवाज़ों के बाज़ारों में ख़ामोशी पहचाने कौन
मोह की बात सुने हर कोय दिल के दर्द को जाने कौन
मोह की बात...

किरत-किरत अलका-सा सूरज पलक-पलक खुलती है नींद
यूं ही दिल पिघलता रहा है ज़र्रे-ज़र्रें को जाने कौन
मोह की बात सुने हर कोय दिल के दर्द को जाने कौन
मोह की बात...

– **'निदा' फ़ाज़िली**

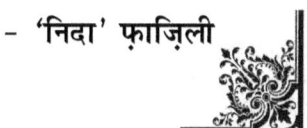

यूं सजा चांद...

यूं सजा चांद कि छलका तेरे अन्दाज़ का रंग
यूं फ़िज़ा महकी कि बदला मेरे हमराज़ का रंग
यूं सजा चांद...

साया-ए-चश्म में हैरां रुख़-रोशन का जमाल
सुर्ख ये लब हैं परेशां तेरी आवाज़ का रंग
यूं सजा चांद...

बे पिये ही अगर लुत्फ़ करें आख़िरी शब
शीशा-ओ-मय में ढले सुबह के आग़ाज़ का रंग
यूं सजा चांद...

जंग में रंग भी थे अपने लहू के दम से
दिल ने लय बदली तो मद्धम हुआ हर साज़ का रंग
यूं सजा चांद...

–अज्ञात

रात भी नींद भी कहानी भी...

रात भी नींद भी कहानी भी
रात भी नींद भी कहानी भी
हाय क्या चीज़ है जवानी भी
हाय क्या चीज़ है जवानी भी
रात भी नींद भी कहानी भी

दिल को शोलों से करती है सेराब
दिल को शोलों से करती है सेराब
ज़िन्दगी आग भी है पानी भी
हाय क्या चीज़ है जवानी भी
रात भी नींद भी कहानी भी

ख़ल्क़ क्या-क्या मुझे नहीं कहती
ख़ल्क़ क्या-क्या मुझे नहीं कहती
कुछ सुनूं मैं तेरी ज़बानी भी
हाय क्या चीज़ है जवानी भी
रात भी नींद भी कहानी भी

पास रहना किसी का रात की रात
पास रहना किसी का रात की रात
मेहमानी भी मेज़बानी भी
हाय क्या चीज़ है जवानी भी
रात भी नींद भी कहानी भी

— 'फ़िराक़' गोरखपुरी

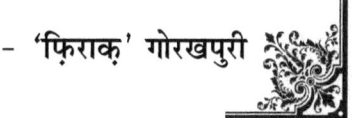

रुख़ से परदा...

रुख़ से परदा उठा दे जरा साक़िया
बस अभी रंगे महफ़िल बदल जाएगा
है जो बेहोश वो होश में आएगा
गिरने वाला है जो, संभल जाएगा
रुख़ से परदा उठा दे जरा साक़िया...

तुम तसल्ली न दो सिर्फ बैठे रहो
वक़्त कुछ मेरे मरने का टल जाएगा
क्या ये कम है मसीहा के रहने से
मौत का भी इरादा बदल जाएगा
रुख़ से परदा उठा दे जरा साक़िया
बस अभी रंगे महफ़िल बदल जाएगा
रुख़ से परदा उठा दे...

- फना कानपुरी

शाम से आंख में नमी-सी है...

शाम से आंख में नमी-सी है
आज फिर आपकी कमी-सी है
शाम से आंख में...

दफ़्न कर दो हमें कि सांस मिले
नब्ज़ कुछ देर से थमी-सी है
आज फिर आपकी कमी-सी है
शाम से आंख में...

वक़्त रहता नहीं कहीं टिक कर
इसकी आदत भी आदमी-सी है
आज फिर आपकी कमी-सी है
शाम से आंख में...

कोई रिश्ता नहीं रहा फिर भी
एक तस्वीर लाज़िमी-सी है
आज फिर आपकी कमी-सी है
शाम से आंख में नमी-सी है
शाम से आंख में...

- गुलज़ार

सर ही न झुका दिल भी

सर ही न झुका दिल भी तो झुका
सर ही न झुका दिल भी तो झुका
कल्याण यहीं होगा निर्वाण यहीं होगा
कल्याण यहीं होगा निर्वाण यहीं होगा
बुद्धम शरणम् गच्छामि
बुद्धम शरणम् गच्छामि

इन दीवारों से बातें कर
इन दीवारों से बातें कर
मत छलका तू मन का साग़र
जीवन में से सन्नाटा भर
जीवन में से सन्नाटा भर
फिर कान लगा, फिर कान लगा
कल्याण यहीं होगा निर्वाण यही होगा
कल्याण यहीं होगा निर्वाण यहीं होगा
बुद्धम शरणं गच्छामि
बुद्धम शरणं गच्छामि

धुंधला-धुंधला रिश्ता तेरा
धुंधला-धुंधला रिश्ता तेरा
इसमें मन की कुछ धूप मिला
मन योगी है ले इकतारा
मन योगी है ले इकतारा
कुछ गा, कुछ गा, कुछ गा

कल्याण यहीं होगा निर्वाण यहीं होगा
कल्याण यहीं होगा निर्वाण यहीं होगा
बुद्धम शरणं गच्छामि
बुद्धम शरणं गच्छामि

इक सपना है जो रस्ता है
इक सपना है जो रस्ता है
गंगा तट पर मन प्यासा है
आगे-पीछे मृग तृष्णा है
आगे-पीछे मृग तृष्णा है
रुक जा, रुक जा, रुक जा
कल्याण यहीं होगा, निर्वाण यहीं होगा
कल्याण यहीं होगा, निर्वाण यहीं होगा
बुद्धम शरणं गच्छामि
बुद्धम शरणं गच्छामि

www.ingramcontent.com/pod-product-compliance
Lightning Source LLC
Chambersburg PA
CBHW062206080426
42734CB00010B/1820
* 9 7 8 8 1 2 8 8 3 7 4 5 6 *